W0215090

EINE HAND VOLL BEEREN

Erika Schermaul

Eine Hand voll Beeren

Bilder und Geschichten fruchtiger Genüsse

THORBECKE

AUTORIN UND VERLAG DANKEN HERRN DR. EBERHARD ZWINK, DEM LEITER DER ABTEILUNG ALTE UND WERTVOLLE DRUCKE DER WÜRTTEMBERGISCHEN LANDESBIBLIOTHEK STUTTGART, FÜR SEINE FACHKUNDIGE UNTERSTÜTZUNG.

DER VERLAG WEIST AUSDRÜCKLICH DARAUF HIN, DASS DIESES BUCH KEIN MEDIZINISCHER RATGEBER IST. SÄMTLICHE SCHILDERUNGEN SIND KULTURGESCHICHTLICHE DARSTELLUNGEN, KEINESFALLS ANLEITUNGEN ZUR PRAKTISCHEN NACHAHMUNG. INSOFERN WIRD KEINE HAFTUNG ÜBERNOMMEN.

BIBLIOGRAFISCHE INFORMATION DER DEUTSCHEN BIBLIOTHEK

DIE DEUTSCHE BIBLIOTHEK VERZEICHNET DIESE PUBLIKATION IN DER DEUTSCHEN NATIONALBIBLIOGRAFIE; DETAILLIERTE BIBLIOGRAFISCHE DATEN SIND IM INTERNET ÜBER HTTP://DNB.DDB.DE ABRUFBAR.

© 2006 BY JAN THORBECKE VERLAG
DER SCHWABENVERLAG AG, OSTFILDERN
WWW.THORBECKE.DE · INFO@THORBECKE.DE

ALLE RECHTE VORBEHALTEN. OHNE SCHRIFTLICHE GENEHMIGUNG DES VERLAGES IST ES NICHT GESTATTET, DAS WERK UNTER VERWENDUNG MECHANISCHER, ELEKTRONISCHER UND ANDERER SYSTEME IN IRGENDEINER WEISE ZU VERARBEITEN UND ZU VERBREITEN. INSBESONDERE VORBEHALTEN SIND DIE RECHTE DER VERVIELFÄLTIGUNG – AUCH VON TEILEN DES WERKES – AUF PHOTOMECHANISCHEM ODER ÄHNLICHEM WEGE, DER TONTECHNISCHEN WIEDERGABE, DES VORTRAGS, DER FUNK- UND FERNSEHSENDUNG, DER SPEICHERUNG IN DATENVERARBEITUNGSANLAGEN, DER ÜBERSETZUNG UND DER LITERARISCHEN ODER ANDERWEITIGEN BEARBEITUNG.

DIESES BUCH IST AUS ALTERUNGSBESTÄNDIGEM PAPIER NACH DIN-ISO 9706 HERGESTELLT.
GESTALTUNG: FINKEN & BUMILLER, STUTTGART
GESAMTHERSTELLUNG: JAN THORBECKE VERLAG, OSTFILDERN
PRINTED IN GERMANY
ISBN-10: 3-7995-3519-5
ISBN-13: 978-3-7995-3519-9

Inhalt

Von Beeren und Menschen

☞ Frische Preiselbeeren.

NÄCHSTE DOPPELSEITE
☞ Der Name der Brombeere bedeutet eigentlich „Dornbeere".

☞ Süße, saftige Beeren laden die Menschen seit jeher zum Genießen ein.

Beeren spielen wohl seit jeher eine Rolle in der Ernährung des Menschen. Sie boten nicht nur die Möglichkeit, den Speisezettel etwas schmackhafter zu gestalten, waren sie doch meist süß, saftig und äußerst vitaminreich. Noch dazu konnte man sie einfach und bequem sammeln, ohne dafür erst mühsam auf die Jagd gehen zu müssen. Heute haben wir es da sogar noch einfacher: Fast das ganze Jahr über kann man die frischen Beeren erwerben oder im Garten beziehungsweise Treibhaus anbauen.
Die Hauptnahrungsmittel der ersten Menschen waren überwiegend pflanzlicher Herkunft: Wurzeln, Knollen, Samen, Nüsse, Beeren und Sprosse. Sie durchstreiften die Landschaft auf der Suche nach Nahrung, die vermutlich gleich dort verzehrt wurde, wo man sie fand. Unsere Vorfahren hatten noch ein empirisches Wissen dafür, welche Nahrungsmittel für den Verzehr geeignet waren. Im Verlauf der Altsteinzeit änderte sich die Zusammensetzung der täglichen Nahrung und man verzehrte diese zunehmend gemeinsam nach dem Sammeln und Jagen in der Gruppe. Der Fleischverzehr gewann mit der Verbesserung der Waffen und der Jagdtechnik an Bedeutung. Auch die Entdeckung des Feuers hatte Einfluss auf Zusammensetzung und Zubereitung der Nahrung, denn gebratenes und gekochtes Fleisch war schmackhafter und besser verdaulich als rohes. In den Kaltphasen der Eiszeiten in Europa waren pflanzliche Nahrungsmittel eher selten, so dass der Mensch gezwungen war, mehr Fleisch zu essen, um seinen Energiebedarf zu decken. Doch selbst in der eiszeitlichen Steppenlandschaft waren Beeren zu finden, welche die dringend benötigten Vitamine lieferten, zum Beispiel Moltebeeren, Moosbeeren und Krähenbeeren.
Mit der nacheiszeitlichen Erwärmung und der damit einhergehenden Veränderung der Pflanzen- und Tierwelt in Mitteleuropa änderte sich das Nahrungsspektrum des Menschen erneut. Es gab nun wieder genügend pflanzliche Kost, während die gewohnte Jagdbeute, das Mammut, ausstarb. In dieser Zeit um-

wälzender Veränderungen der Umwelt machte der Mensch den Schritt vom Wildbeuter zum Ackerbauer und wurde sesshaft. Es wurden erstmals Pflanzen gezielt angebaut und die ersten Haustiere gezüchtet. Bei den ersten Kulturpflanzen in Mitteleuropa handelte es sich um Getreide und Gemüse. Obst wurde erst später kultiviert. Es wurden allerdings weiterhin Beeren und anderes Obst gesammelt und nun auch nachweislich bevorratet. Zur Haltbarmachung wurde das Obst getrocknet und gedörrt, wie Funde in jungsteinzeitlichen Siedlungen bestätigten. Reste von wilden Beerenfrüchten wurden an verschiedenen Orten in unterschiedlichen Mengen gefunden: Brombeeren, Erdbeeren, Himbeeren, Heidelbeeren, Preiselbeeren und Holunder.

Gelegentlich kam es auch vor, dass sich wilde Obst- und Beerensträucher in der Nähe menschlicher Siedlungen durch weggeworfene Samen ansiedelten. Der Holunder ist ein typischer „Kulturfolger", der sich schon sehr früh im Umfeld des Menschen etablierte. Als nährstoffliebende Pflanze fand er dort ideale Bedingungen vor, denn hier wurden von Mensch und Tier genügend organische Abfälle produziert, welche dann Nährstoffe freisetzten. Der Apfel war in Mitteleuropa vermutlich das erste Obstgehölz, das gezielt angebaut wurde, und bei dem durch Auslese besonders guter Früchte erste frühe Kulturformen entwickelt wurden. Auch andere Früchte wie Pflaume, Birne und Kirsche wurden allmählich in Kultur genommen, doch die Beerenfrüchte wurden nach wie vor in Wald und Flur gesammelt.

Indessen war die Entwicklung der Obstkultur im Nahen Osten schon wesentlich weiter fortgeschritten. Im Gebiet zwischen dem Kaspischen und dem Schwarzen Meer war ca. 6000 Jahre v. Chr. aus den dort besonders üppig wachsenden Wildreben bereits die Weinrebe ausgelesen und verbreitet worden. Damit gehört diese zu den ältesten Kulturpflanzen der Welt und ist bis heute die wichtigste Beere für den Menschen geblieben. Alle frühen Hochkulturen im Nahen Osten kannten die Weinrebe und die Weinherstellung. Im Zweistromland wurde sie von den Sumerern bereits 3000 Jahre v. Chr. angebaut, und 2500 v. Chr. setzte sie sich auch in Ägypten am Nil durch. Allerdings wurde der Wein noch nicht zum Alltagsgetränk, sondern spielte vorwiegend für kultische Zwecke eine Rolle. Obst und Beeren wurden in der Oberschicht auch zu den Mahlzeiten gegessen.

Im antiken Griechenland wurde im 1. vorchristlichen Jahrtausend bereits eine Vielzahl an Obstgehölzen und fruchttragenden Pflanzen kultiviert, auch verschiedene Beeren, wie Maulbeere, Brombeere und natürlich die Weinrebe. Auch Melonen wurden bereits angebaut. Das gemeinsame Essen in Gesellschaft spielte eine wichtige Rolle, und zu feierlichen Anlässen wurde auch gerne Wein getrunken. Da Ackerland knapp war, wurden die Weinreben in Mischkultur angebaut. Man ließ sie an Bäumen hochklettern und baute dazwischen Feldfrüchte wie Getreide oder Gemüse an. Insgesamt ist anzumerken, dass bei den frühen Hochkulturen trotz des relativ hoch entwickelten Anbaus von Kulturpflanzen die Bevölkerung an Nahrungsmangel litt und sicherlich auch noch zusätzlich Wildfrüchte gesammelt wurden.

Die Römer übernahmen die Obstkultur der Griechen und bauten sie weiter aus. Insbesondere die Weinkultur war im Römischen Reich gut ausgeprägt, und Wein war schon zum Alltagsgetränk geworden, allerdings in verdünnter Form mit Wasser. Als die Römer im 1. Jahrhundert v. Chr. nach Mitteleuropa vordrangen und ihre Provinzen gründeten, befand sich der Obstbau in den von Kelten und Germanen besiedelten Gebieten noch im Anfangsstadium. Es gab einfache Kulturformen von Apfel, Pflaume und Kirsche, doch der überwiegende Teil der genutzten Früchte wurde noch in der Natur gesammelt.

Um sich ihren gewohnten Lebensstil zu sichern, brachten die Römer ihre Kulturpflanzen in die neuen Gebiete mit, neben vielen anderen Obstarten auch die Kulturweinrebe. So wurde der Weinbau an Rhein und Mosel etabliert. Unsere heutigen Gartenbeeren stammen jedoch nicht von den Römern, sondern wur-

☞ Die süßen Früchte der Himbeere sind reich an Vitamin B und C.

NÄCHSTE DOPPELSEITE
☞ Die Honigmelone gehört ebenfalls zu den Beerenfrüchten.

☞ Eine Gießkanne mit Pumpfunktion: Diese oder ähnliche Erfindungen erleichterten den Anbau von Beeren im Garten.

I
II
1
3
4
5
6
7
8
9
11
12
a
b
c
d
e
f
i
k

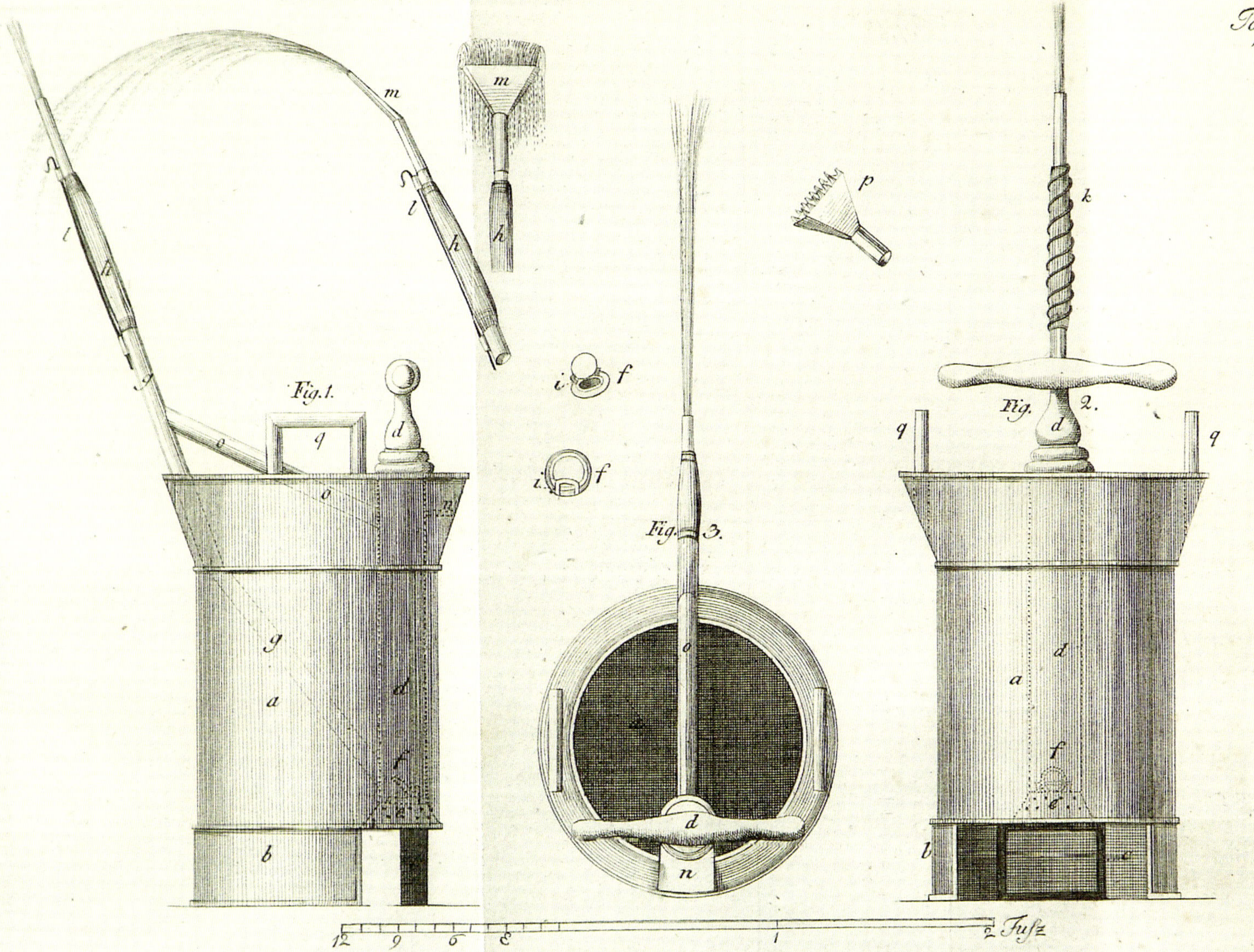
Fig. 1.
Fig. 2.
Fig. 3.
12 9 6 3 1 2 Fusz

B.VII. Taf.22

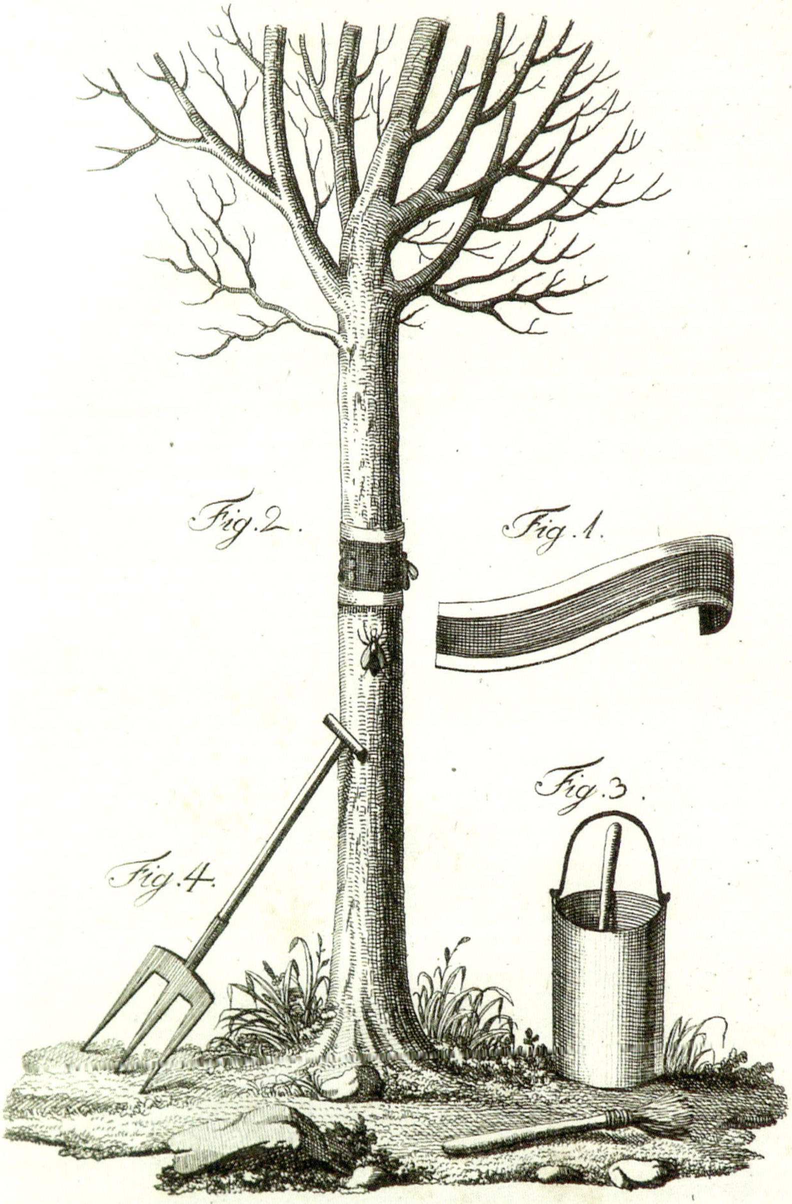

Taf.

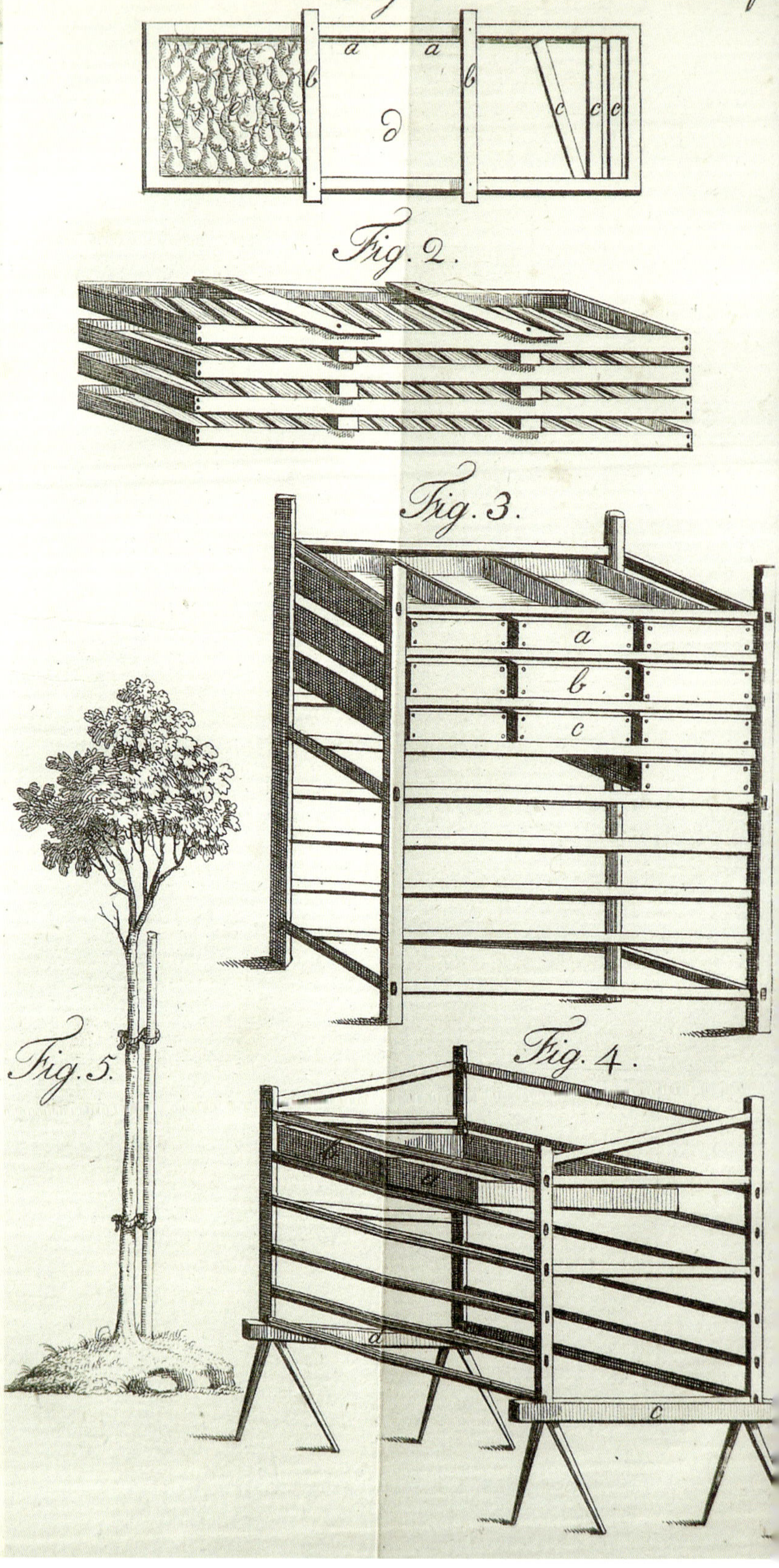

☞ linke Seite
Ein Obstbaum mit Gartengeräten.

☞ rechte Seite
Eine Obstdörre: Solche Dörren verwendete man auch für das Haltbarmachen von Beeren.

den erst seit dem Mittelalter aus den heimischen Wildformen herausgezüchtet.
Nach dem Rückzug der Römer aus Mitteleuropa und den Wirren der Völkerwanderung lagen Landwirtschaft und Obstbau danieder. Die Zeit des frühen Mittelalters war geprägt von Mangelwirtschaft und Hungersnöten. In dieser Situation bekam die Nutzung von wildem Beerenobst zur Bereicherung des Nahrungsspektrums wieder große Bedeutung. Die frühmittelalterlichen Geschichtsschreiber berichten, dass aus Getreide, Honig und Wildbeeren metartige berauschende Getränke hergestellt wurden. Auch gekocht als Beilage zu den Hauptmahlzeiten wurden sie gerne gegessen.
In der Folgezeit bemühte sich die Obrigkeit durch entsprechende Gesetze und Vorschriften, die Obstbaukultur wieder voranzubringen. Die Klöster waren in der Folgezeit wichtige Zentren für die Pflege und Entwicklung des Obst- und Weinbaus – sie gaben ihre Pflanzen und ihr Wissen auch an die ansässige Bevölkerung weiter. Doch Beerenobst wurde nach wie vor überwiegend in Wald und Flur gesammelt, da wertvolles Ackerland und Arbeitskräfte rar waren. Oft war das Beerensammeln Aufgabe der Kinder.
Große Bedeutung kam den Beerenpflanzen in der mittelalterlichen Heilkunde zu. Bereits die Heilkundigen der Antike hatten die umfassenden Heilkräfte der Beeren und ihrer dazugehörigen Pflanzenteile erkannt. Dieses Wissen wurde auch im Mittelalter gepflegt und angewandt. Insbesondere die Blätter und Früchte von Erdbeere, Himbeere, Brombeere und Holunder kamen bei zahlreichen Krankheiten zum Einsatz.
Mit Beginn der Neuzeit und dem damaligen Bestreben, das Wissen um die Pflanzenwelt zu vertiefen, rückten auch Pflanzen ins Blickfeld, die bis dahin nicht genutzt worden waren. Auf der Suche nach neuen Heilpflanzen begann man in dieser Zeit beispielsweise Johannisbeeren zu kultivieren. In den folgenden Jahrhunderten wurden immer mehr Beeren auch in den Gärten angebaut und züchterisch weiterentwickelt.
Bis weit ins 20. Jahrhundert hinein spielte das Beerenobst eine wichtige Rolle für die Ernährung der Bevölkerung und die Versorgung mit den lebensnotwendigen Vitaminen. Auch Wildbeeren wurden nach wie vor gesammelt, insbesondere in Notzeiten. Manche Beerenarten werden bis heute überwiegend als Wildfrüchte gesammelt. Erst seit einigen Jahrzehnten gibt es Bestrebungen, auch diese im größeren Rahmen für den Markt anzubauen, beispielsweise Holunder und Heidelbeeren.
Im Zeitalter der Mobilität und der zunehmenden Fülle an südländischen und exotischen Früchten, die auf den Märkten angeboten werden, waren die klassischen Gartenbeeren etwas aus der Mode gekommen. In jüngster Zeit erfahren sie allerdings durch das Bestreben, sich gesund zu ernähren, eine wahre Renaissance. Neuere wissenschaftliche Untersuchungen liefern erstaunliche Erkenntnisse hinsichtlich des enormen Werts von Beerenobst für die Gesundheit. Die leckeren Früchte vereinen in geradezu idealer Weise Genuss und Nutzen. Sie sind nicht nur ideale Vitamin- und Mineralstofflieferanten, sondern enthalten auch jede Menge sekundäre Pflanzenstoffe, die als so genannte bioaktive Substanzen auf vielfältige Weise im menschlichen Körper ihre heilkräftigen Wirkungen entfalten.
Große Bedeutung kommt hier insbesondere den Pflanzenfarbstoffen zu, der Gruppe der Flavonoide und Anthocyane, welche als Antioxidantien wirken und sogenannte freie Radikale unschädlich machen können. Dadurch schützen sie vor vorzeitiger Zellalterung, Krebs und Herz-Kreislauf-Erkrankungen. Auch die Wildbeeren werden als besondere Delikatessen wieder häufiger gesammelt, denn sie bescheren uns mit ihrer enormen Aromenvielfalt außergewöhnliche Geschmackserlebnisse.

Rubus fruticosus. ♄.
Rubus caesius. ♄.

Beeren im Garten – saftig und süß

Unsere Gartenbeeren sind vergleichsweise spät als Obstgehölze in Kultur genommen worden, obwohl sie teilweise schon mindestens seit der Jungsteinzeit von den Menschen zur Bereicherung ihres Speisezettels gesammelt wurden. Das liegt wohl in erster Linie daran, dass auch die jeweiligen heimischen Wildformen wohlschmeckende und relativ große Früchte lieferten. Da sie teilweise in sehr großen Mengen in der Natur vorkamen, war es nicht wirklich nötig, sie zu kultivieren.

Schon sehr früh, teilweise bereits seit der Antike war auch die vielfältige Heilkraft der Beeren oder der Pflanzen bekannt. Für medizinische Zwecke wurden hauptsächlich die Blätter genutzt. Dass auch die Früchte zum Teil sehr vielfältige Heilkräfte besitzen, bringen immer mehr aktuelle wissenschaftliche Untersuchungen ans Licht. Alle Arten unserer Gartenbeeren sind außerordentlich gute Lieferanten von Vitaminen, Mineralstoffen und Spurenelementen – und das bei sehr niedriger Kalorienzahl. Darüber hinaus enthalten sie vielfältige sekundäre Pflanzenstoffe, so genannte bioaktive Substanzen, die Erstaunliches für unsere Gesundheit leisten können.

Bis auf die Massenfrucht Erdbeere sind die meisten Beeren als Frischware nur zu hohen Preisen im Handel erhältlich. Schon aus diesem Grunde lohnt sich ihr Anbau im eigenen Garten, zumal sie in der Regel relativ unkompliziert sind, was ihre Pflege betrifft.

☞ Erdbeeren und Brombeeren gehören zu den beliebtesten Beerensorten.

Die Brombeere

Schon in der Jungsteinzeit sammelten unsere Vorfahren wilde Brombeeren (Rubus fruticosus) zur Bereicherung ihres Speisezettels. Über Jahrtausende blieb sie eine typische Sammelfrucht, erst seit dem 19. Jahrhundert wird sie auch in Gärten angebaut.
Der Name kommt vom althochdeutschen „bramo beri“ und bedeutet „Dornbeere“. Auf Grund seiner vielen Stacheln und seiner allgemeinen Verbreitung wurde der Brombeerstrauch lange Zeit als „gemeinster aller Beerensträucher“ gering geachtet. Seine Früchte galten als „Armenspeise“. Hieronymus Bock schreibt über die Brombeeren: *Amselen und Leute, die nichts besitzen und nichts verdienen, suchen die Beeren.* Andererseits stand die Brombeere als Heilpflanze schon seit der Antike in hohem Ansehen. Der griechische Arzt Dioskurides (1. Jahrhundert n. Chr.) empfiehlt das Kauen von Brombeerblättern zur Kräftigung des Zahnfleisches und bei Entzündungen des Mundes. Auch der römische Feldherr und Schriftsteller Plinius d. Ä. kennt die Heilkraft der Brombeere und nennt deren Sprosse als Mittel gegen Durchfall und Blutflüsse. Die Kräuterkundigen des Mittelalters, Hildegard von Bingen und Albertus Magnus, empfehlen die Blätter, Sprosse und Früchte zum äußerlichen und innerlichen Gebrauch gegen Erbrechen, Durchfall, Halsgeschwüre, Mundfäule und sogar gegen Vergiftungen durch Schlangenbiss. Nach heutigen wissenschaftlichen Erkenntnissen wirken die Blätter auf Grund der enthaltenen Gerbstoffe tatsächlich astringierend, reinigend und schmerzstillend.

Ernte und Verwendung

Das volle Aroma der Brombeeren kommt nur zur Geltung, wenn die Früchte ganz ausgereift sind. Deshalb dürfen sie nicht zu früh geerntet werden, sondern erst, wenn sie fast von selbst abfallen. Besonders beliebt sind Brombeeren für Marmelade, und auch als Tortenbelag schmecken sie sehr gut. Weniger bekannt, aber sehr zu empfehlen ist auch die Zubereitung von Fruchtwein und Brombeeressig.

ERWÄRMENDE BROMBEERE

Inhaltsstoffe (auf 100 g Früchte):

WASSER	85 PROZENT
KOHLENHYDRATE	4 PROZENT
BALLASTSTOFFE	7 PROZENT
EIWEISS	0,9 PROZENT
FETT	0,9 PROZENT
MINERALSTOFFE	510 MG
MANGAN	1 MG
VITAMIN C, E, B1, B2, B3, B5, B6	
FOLSÄURE	

Brombeeren sind wohlschmeckende Vitamin- und Mineralstofflieferanten und wirken harntreibend und blutzuckersenkend. Das Spurenelement Mangan ist für den reibungslosen Ablauf vieler Vorgänge im menschlichen Organismus notwendig, insbesondere für die „Kraftwerke“ der Zellen, die Mitochondrien, welche unsere Körperenergie erzeugen. Durch den außerordentlich hohen Anteil an Pflanzenfarbstoffen – den Flavonoiden und Anthocyaninen – wirken sie zudem blutgefäßreinigend, entzündungshemmend und sogar krebsvorbeugend.

☞ Erst seit dem 19. Jahrhundert baut man Brombeeren auch in den Gärten an.

b
c

Brombeeressig

300 g reife Brombeeren anquetschen und in Flaschen füllen, 1 l Weinessig zufügen und einige Tage auf der warmen Fensterbank stehen lassen. Dann den Essig filtern, abfüllen und dunkel lagern.

Mythologie und Volksglaube

Im Volksglauben wurde dem stachligen Strauch eine schützende Wirkung gegen Hexerei nachgesagt. Die Ruten, welche sich zum Boden hin umbiegen, bilden natürliche Bögen. Das Durchkriechen eines solchen Bogens sollte in vielen Fällen Hilfe bringen, z.B. wenn ein Kind nicht gehen lernen wollte oder wenn sich Eheleute durch den angeblichen Zauber einer Dorfhexe spinnefeind geworden waren. Diese Bräuche stellen eine magische Wiederholung der Geburt, also eine Art Wiedergeburt dar.

☞ Wer die süßen Früchte der Brombeere genießen will, muss erst an ihren Dornen vorbei. Heute gibt es allerdings auch dornenlose Züchtungen.

☞ Saftige Brombeeren.

Brombeeren im Garten

Brombeeren bevorzugen sonnige bis halbschattige Standorte und kommen in der Natur in lichten Wäldern und an Waldrändern vor. Ideal sind tiefgründige, nährstoffreiche, frische Böden ohne Staunässe. Eine Bodenabdeckung aus Grasmulch oder grobem Kompost wirkt sich positiv aus.

Brombeeren blühen und fruchten an den zweijährigen Ruten, welche nach der Ernte abgeschnitten werden. Als Kletterpflanzen benötigen sie ein Stützgerüst. Die bei uns bekannten Formen stammen teilweise von der heimischen, überwiegend jedoch von der nordamerikanischen Wildform ab.

Die älteste Sorte „Theodor Reimers“ wurde 1890 in Nordamerika selektioniert. Sie ist sehr ertragreich, und ihre Früchte haben ein besonders feines Aroma. Es gibt inzwischen auch viele stachellose Sorten wie „Black Satin“ oder „Chester Thornless“. Besonders interessant für den Hausgarten sind die so genannten „Arkansas-Brombeeren“, da sie aufrecht wachsen, nur wenig Platz benötigen und auch sehr robust sind.

VII. Die rothe Monats-Erdbeere.

III. Kleine Scharlach-oder Virginische Erdbe

Die Erdbeere

Die „Königin des Beerenobstes" wurde erst relativ spät in Kultur genommen. Seit dem 14. Jahrhundert pflanzte man Walderdbeeren in den Gärten Frankreichs, kurze Zeit später auch in England an. Ein wichtiges Zentrum der Erdbeerkultur in Deutschland war die Flussmarschenlandschaft Vierlanden südöstlich von Hamburg, wo bereits seit dem Jahre 1693 Erdbeeren angebaut werden. Berühmt und beliebt war die „Vierländer Erdbeere", auch „Lütte Dütsche" genannt, welche aus der heimischen Moschus-Erdbeere gezüchtet worden war.
Auf dem Wasserweg, der schonendsten Transportmöglichkeit, wurden die kleinen, hocharomatischen Beeren über die Elbe auf die Märkte nach Hamburg gebracht, wo sie reißenden Absatz fanden. Es gab schon verschiedene Möglichkeiten, die Reife zu beschleunigen und hinauszuzögern, doch die Größe der Beeren ließ sich kaum beeinflussen.
Dies änderte sich erst, als großfruchtige Erdbeerarten aus Amerika nach Europa kamen. Ausgangsform unserer heutigen Gartenerdbeeren ist die Ananas-Erdbeere (Fragaria ananassa). Sie entstand Mitte des 18. Jahrhunderts in Holland aus der Virginischen Scharlach-Erdbeere (Fragaria virginiana) und der chilenischen Riesen-Erdbeere (Fragaria chiloensis). Von letzterer hat sie die Größe und die Farbe der Früchte geerbt, von der Scharlach-Erdbeere dagegen die Winterfestigkeit und die hohe Ertragsfähigkeit. Schnell trat sie ihren Siegeszug durch die Gärten Europas an. Aus vielfachen Kreuzungen sind unsere heutigen Sorten hervorgegangen.

☞ Schon seit dem 14. Jahrhundert pflanzt man Erdbeeren in europäischen Gärten an.

Verführerisch und schön

„Ich bin so wild nach deinem Erdbeermund" – so seufzte bereits im 15. Jahrhundert der französische Dichter François Villon in „einer verliebten Ballade für ein Mädchen namens Yssabeau". Erdbeeren haben zweifellos etwas Sinnliches und Verführerisches an sich, und so ist es nicht weiter verwunderlich, dass sie bereits in der Antike als Symbol der Erotik galt. In der bildenden Kunst begegnet uns die Erdbeere oft in Bildern mit Liebespaaren.

GENUSS OHNE REUE

Inhaltsstoffe (auf 100 g Beeren):

WASSER	90 PROZENT
FETT	0,4 PROZENT
EIWEISS	0,8 PROZENT
KOHLENHYDRATE	8 PROZENT
MINERALSTOFFE	500 MG

Wer sich zum Genuss von Erdbeeren hinreißen lässt, braucht dies nicht zu bereuen, denn sie sind sehr kalorienarm und zudem ein wahrer Gesundbrunnen. Die kleinen Nüsschen auf der Oberfläche der Früchte sind besonders reich an Mineralstoffen, insbesondere Mangan und Eisen, aber auch Kalzium und Magnesium. Im Vitamin-C-Gehalt übertreffen Erdbeeren sogar Zitronen. Die ebenfalls reichlich enthaltene Folsäure ist wichtig für die Blutbildung und das Zellwachstum. Die Gerbstoffe in den Früchten wirken antibakteriell und entzündungshemmend. Nach neuesten Erkenntnissen ist die Ellagsäure, welche nur in wenigen Früchten vorkommt, ein besonders effektiver Krebshemmer.

Ernte und Verwertung

Haupterntezeit sind die Monate Juni und Juli. Die voll ausgefärbten Erdbeeren werden grundsätzlich mit den Kelchblättern gepflückt. Da sie leicht verderblich sind und rasch an Aroma verlieren, sollten sie spätestens zwei Tage nach der Ernte gegessen oder verarbeitet werden. Man wäscht die Beeren erst unmittelbar vor dem Essen oder der Zubereitung mit Kelch und Stiel in einer Schüssel mit kaltem Wasser und lässt sie gut abtropfen.
Die Verwendungsmöglichkeiten sind vielfältig. Am besten schmecken Erdbeeren natürlich frisch. In Form von Marmelade, Likör, Wein oder Erdbeeressig kann man sich das köstliche Aroma für den Winter einfangen. Eine beliebte Konservierungsmethode ist das Einfrosten, doch nicht jede Sorte ist dafür geeignet. Besonders gut bleibt das Aroma beim schonenden Trocknen der Beeren erhalten.

Erdbeeren im Garten

Erdbeeren lieben einen hellen, sonnigen Standort und nährstoffreiche, humusreiche Böden.
Eine Mulchschicht aus Stroh schützt die Beeren vor Nässe und Verschmutzung und den Boden vor Austrocknung. „Senga Sengana" ist eine bewährte Sorte für den Hausgarten, deren aromatische Früchte sich vielseitig verwenden lassen. Die Früchte von „Fratina" reifen früh und eignen sich besonders gut zum Einfrosten. „Mieze Schindler" ist eine alte Liebhabersorte mit dunkelroten, hocharomatischen Beeren, allerdings ist sie nicht sehr ertragreich, und da sie nur weibliche Blüten entwickelt, muss man eine zweite Sorte zur Befruchtung dazupflanzen.

ERDBEERKUCHEN

3 Eigelb mit 3 EL warmem Wasser schaumig rühren. Nach und nach 150 g Zucker zugeben bis die Creme schaumig ist. Schale einer halben Zitrone unterrühren. 3 Eiweiss sehr steif schlagen und auf die Eigelbmasse häufen.
150 g Mehl darüber sieben und mit dem Schneebesen locker durchziehen. Die fertige Biskuitmasse in einer Tortenbodenform backen.

Aus 1 P. Vanillepuddingpulver, 500 ml Milch und 3 EL Zucker einen Pudding kochen. Den lauwarmen Pudding auf den kalten Biskuitboden streichen.
1 kg Erdbeeren waschen, putzen, halbieren und nebeneinander auf den Pudding legen.
Aus einem Viertelliter Johannisbeersaft und 1 P. Tortengusspulver nach Anleitung einen Tortenguss zubereiten, 1 Minute abkühlen lassen und über den Erdbeeren verteilen.

☞ Die Ananas-Erdbeere, Ausgangsform unserer Gartenerdbeere.

☞ Das leuchtende Rot der reifen Erdbeeren bietet einen appetitlichen Anblick.

Die Himbeere

Neben der Erdbeere nimmt die Delikatessfrucht Himbeere eine etwas elitäre Stellung ein. Da sie aber in geradezu idealer Weise Genuss- und Gesundheitswert vereint, sollte sie in keinem Garten fehlen.
In der Natur finden wir Himbeeren auf Lichtungen und an Waldrändern.
Sie wächst als Scheinstrauch und bildet bis zu zwei Meter hohe Triebe, die mit feinen Stacheln besetzt sind. Im zweiten Jahr setzen die Schösslinge Blüten und Früchte an und sterben danach ab. Im Mai oder Juni erscheinen die kleinen unauffälligen weißen Blüten, welche durch Insekten bestäubt werden. Aus botanischer Sicht sind die Himbeeren keine Beeren, sondern Sammelfrüchte, bestehend aus kleinen Steinfrüchtchen entlang einer fleischig verdickten Mittelachse.
Das edle Aroma der Früchte bleibt bei der Verarbeitung erhalten, was die Himbeere vielseitig verwendbar macht. Am besten schmecken sie natürlich frisch vom Strauch, denn die „Beeren" sind sehr zart und druckempfindlich und müssen deshalb so rasch wie möglich verbraucht werden. Sehr beliebt ist auch heute noch die Herstellung von Marmelade. Himbeeressig, Himbeersaft oder Himbeerlikör sind besondere Delikatessen, die zudem sehr einfach in der Zubereitung sind. Fast unverzichtbar sind Himbeeren in einer fruchtigen Roten Grütze als herrliche Aromaspender. Durch die Fülle der wertvollen Inhaltsstoffe ist sie auch als Heilmittel interessant.

ELITÄRER GENUSS MIT HEILENDER WIRKUNG

Inhaltsstoffe (auf 100 g Früchte):

WASSER	84 PROZENT
KOHLENHYDRATE	8 PROZENT
FETT	0,3 PROZENT
ROHFASER	5,3 PROZENT
FRUCHTSÄURE	1,4 PROZENT
KALIUM	170 MG
KALZIUM	40 MG
MAGNESIUM	30 MG
VITAMIN C, B1, B2, B3, B6	
FLAVONOIDE	
PHENOLSÄUREN (U.A. ELLAGSÄURE)	

Da Himbeeren zu 84 Prozent aus Wasser bestehen und sehr wenig Fett enthalten, sind sie sehr kalorienarm. Der hohe Anteil an Ballaststoffen reguliert die Verdauung, reinigt den Organismus und bindet Giftstoffe. Die Samen der Beeren sind mineralstoffreich. Auffallend hoch ist der Anteil an Magnesium, welches die Nerven- und Muskelfunktion reguliert. Die sekundären Pflanzenstoffe, insbesondere die Flavonoide und die Ellagsäure, sind wirksame Bakterien- und Virenkiller, wirken also entzündungshemmend, schützen die Blutgefäße und wirken astringierend auf Haut und Schleimhäute.

☞ Heiß mit Vanilleeis oder als süßer Saft – Himbeeren sind ein delikater Genuss.

Kulturgeschichte der Himbeere

Bereits in der Jungsteinzeit war die Himbeere Bestandteil der menschlichen Ernährung. Auch ihre heilende Wirkung wurde schon früh erkannt. Der berühmte griechische Arzt Dioskurides (1. Jahrhundert n. Chr.) empfiehlt die mit Honig zerriebenen Blüten des Strauches als Salbe bei Augenentzündungen. Dieselbe Wirkung beschreibt auch der

d
b
e

Römer Plinius d. Ä. Er nennt die Pflanze *Rubus idaeus*, da sie seiner Meinung nach nur im Ida-Gebirge in Kleinasien vorkommt.
Im Latein des Mittelalters heißen die Himbeeren „Mora silvatica" (= Wald-Maulbeeren). Sie scheinen jedoch in der Heilkunde keine Anwendung gefunden zu haben.
Im Althochdeutschen lautete ihr Name *Hintberi*, was soviel bedeutete wie „die Beere der Hinde oder Hirschkuh". Der nachmittelalterliche Botaniker Hieronymus Bock nennt das Himbeerwasser (Aqua Rubi Idaei, womit der Saft gemeint war) als kühlendes Getränk mit fiebersenkender Wirkung: *Eins weiß ich wol das Hymbeeren redlich genossen, hefftig külen / der massen / so jemand wasser darauff trunke / in bald ein frost sollte anstossen. Zimlich gebraucht / külen und leschen sie alle hitzige febres (Fieber).*
Seit dem Mittelalter wurde sie zunächst vorwiegend in den Klöstern als Obstgehölz kultiviert. Im Gegensatz zur Erdbeere sind die Gartensorten der Himbeere vorwiegend aus der heimischen Wildform herausgezüchtet worden, teilweise wurden auch nordamerikanische Arten eingekreuzt. Bereits im 18. Jahrhundert gab es Besonderheiten, wie eine Sorte mit weißen Früchten oder Zierformen mit gefüllten Blüten.

☞ Die weiße und die rote Himbeere.

Himbeeren im Garten

Himbeeren gedeihen am besten an windgeschützten Standorten in sonniger oder halbschattiger Lage auf locker humosen, genügend feuchten Böden.
Da Himbeeren Flachwurzler sind, sollte der Boden nicht zu tief bearbeitet werden. Stattdessen kann eine dicke Mulchschicht aus Stroh, Gras oder grobem Kompost den Boden vor Austrocknung schützen und das Unkraut unterdrücken.
Sommerhimbeeren reifen je nach Sorte im Juni und Juli. Nach der Ernte werden die alten Ruten bodennah abgeschnitten, und die neuen Triebe bleiben stehen. Neuerdings sind Herbsthimbeeren groß im Kommen. Diese fruchten von August bis November an den einjährigen Trieben, welche danach ebenfalls bodennah abgeschnitten werden.
Als Sommerhimbeere für den Hausgarten empfiehlt sich die aus der Schweiz stammende Sorte „Zeva 2". Sie erfreut durch robuste, ertragreiche Pflanzen und schön gefärbte, große aromatische Früchte. Die Herbstsorte „Himbo Top" ist eine Neuzüchtung mit großen festen Früchten von gutem Geschmack.

HIMBEERSAFT

Nimm Himbeeren, zerdrücke sie wohl, und drücke den Saft durch ein Tuch. Nimm auf ein Pfund Saft ein Pfund Zucker, koche den Zucker zu einem dicken Sirup, tue den Himbeerensaft hinzu, und lass es eine halbe Viertelstunde mit einander kochen.

RHEINISCHES KOCHBUCH, MÜHLHAUSEN 1811

Eine noch einfachere und vitamin- und aromaschonende Art der Saftbereitung ist mit einem speziellen Dampfentsafter möglich. Bei dieser Methode kann auch die Zuckermenge reduziert werden, da der entstehende Saft gut haltbar ist.

Die Rote und die Weiße Johannisbeere

Johannisbeeren sind erst spät als Obstgehölze in Nutzung genommen worden. In der Antike und selbst im Mittelalter war der Strauch noch nicht bekannt. Die erste Abbildung der Beere erschien im Jahr 1484 im „Mainzer Herbarius" mit der Bezeichnung *Ribes, sund johans drubgin*. „Ribes" leitet sich von „Rhabarber des Libanon" (Rheum ribes) ab, der bei den Arabern als Heilpflanze hochgeschätzt war. Auf der Suche nach heimischem Ersatz für den Rhabarber wurden Pflanzen mit säuerlichem Saft verwendet, und so wurde die Johannisbeere in Kultur genommen.

Die Ähnlichkeit mit der Weintraube und die Reifezeit um Johanni haben der neuen Heilpflanze den Namen „Johannisträublein" eingebracht.

Ganz naturgetreu wird der Strauch von Leonhard Fuchs in seinem bekannten Kreuterbuch aus dem Jahr 1543 abgebildet. Er kennt die arzneiliche Wirkung der Beeren und rät folgendes:

Die S. Johansbeerlein külen den hitzigen magen / leschen den Durst / in sonderheyt derer so mit dem feber beladen seind. Sie vertreiben allen unwillen zu dem essen / und bringen die begird zu demselbigen widerumb. Sie legen die überige hitz so im geblüt ist. Darumb sol man iren Safft fleissig samlen / unnd mit Zucker inmachen / darmit man ihn das ganz jar möge gebrauchen / wie dann auch die Apotecker thun.

DIE KÜHLENDE JOHANNISBEERE

Inhaltsstoffe (auf 100 g Früchte):

WASSER	84,7 PROZENT
KOHLENHYDRATE	10 PROZENT
EIWEISS	1,1 PROZENT
FETT	0,2 PROZENT
ORGANISCHE SÄUREN	2,37 PROZENT
MINERALSTOFFE	630 MG
VITAMIN C, B1, B6, E	

Wie bereits von Leonhard Fuchs richtig beschrieben, sind Johannisbeeren durststillend und erfrischend, weshalb der Saft der Beeren gerne bei Fieber verabreicht wird. Sie wirken auch appetitanregend, harntreibend und verdauungsfördernd. Auf Grund der reichlich enthaltenen Pflanzenschleime und Pektine haben die Beeren auch eine leicht abführende Wirkung.

Das vitaminreiche Fruchtfleisch wirkt als Gesichtsmaske erweichend und feuchtigkeitsspendend.

Erste Nachrichten von einer Garten-Johannisbeere kamen aus dem heutigen Belgien, wo sie vermutlich aus der heimischen Wald-Johannisbeere (Ribes rubrum var. vulgare) gezüchtet worden war. In Nord- und Osteuropa wurde aus den dort heimischen Wildarten eine Gartenform gezüchtet. Unsere heutigen Sorten, auch die „Weißen Johannisbeeren", stammen von diesen ersten Kultursorten ab, Ende des 18. Jahrhunderts beschreibt Johann Kraft, Leiter der kaiserlichen Obstbaumschule in Wien, bereits einige verschiedene Sorten, darunter auch Kuriositäten wie die „Große weiß gestreifte Johannisbeere" oder auch Varietäten, welche gelb oder weiß eingefasste Blätter hatten. Die Darstellungen der Beeren auf handkolorierten Kupferstichen sind eine Augenweide.

Johannisbeeren im Garten

Johannisbeeren haben keine besonderen Bodenansprüche; günstig sind tiefgründige Böden mit gutem Wasserspeichervermögen. Auf Grund der sehr frühen Blüte sind Standorte mit hoher Spätfrostgefahr weniger geeignet. Wie bei der Schwarzen Johannisbeere kann es bei unzureichender Befruchtung infolge schlechter Witterung zum Verrieseln der Früchte kommen, d.h., die Beeren fallen von der Traube ab.

☞ Schwarze, rote und weiße Johannisbeeren.

NÄCHSTE DOPPELSEITE

☞ Besonders gut schmecken die roten Johannisbeeren auf dem Kuchen oder als Johannisbeerwein.

☞ Die Johannisbeere nannte man früher auch St. Johannsträublein.

N. 865.
g
f
e
h
b
c

1.
4. 3. 4. 5. 6.
7.
8.

Nach der Ernte werden über vier Jahre alte Triebe herausgeschnitten, da die Fruchtqualität dann nachlässt. So wird auch Platz geschaffen für neues, junges Holz.
Eine regelmäßige Düngung zur Blütezeit und nach der Ernte mit Kalidünger oder speziellem Beerendünger verbessert die Erträge. Der Boden darf nur flach bearbeitet werden, da die Wurzeln sehr dicht unter der Oberfläche verlaufen.
Von den rotfruchtigen Sorten ist „Rotet" für den Anbau im Garten empfehlenswert, denn sie neigt nicht zum Verrieseln der Früchte, und der Strauch ist auch sonst sehr robust und gesund.
Die großen aromatischen Beeren sitzen locker verteilt an langen Trauben und lassen sich gut ernten.

Ernte und Verwendung

Geerntet werden die Beeren, sobald sie voll ausgereift sind. In der Regel ist dies, wie der Name besagt, um den Johannistag der Fall, also Ende Juni. Grundsätzlich sollten die Früchte mit den Stielen gepflückt und gewaschen werden. Erst danach werden sie mit Hilfe einer Gabel vorsichtig abgestreift. Beim Entsaften kann man sich die Arbeit des Entstielens sparen. Johannisbeeren sind vielseitig verwendbar. Sie eignen sich bestens zur Herstellung von Saft, Gelee, Marmelade und Fruchtwein. Auch als Kuchenbelag und in Verbindung mit Milchprodukten kommt das feine Aroma gut zur Geltung. Sogar als Begleiter zu herzhaften Speisen wie Lamm- und Wildgerichten schmecken sie sehr gut.

JOHANNISBEERWEIN

ZUTATEN: 1 LITER SAFT AUS ABGEZUPFTEN, ZERQUETSCHTEN, DURCH EIN TUCH GEPRESSTEN JOHANNISBEEREN, 2 LITER WASSER, 1 KG ZUCKER

Den Zucker löst man mit dem Wasser auf dem Feuer auf, lässt die Flüssigkeit auf 20 °C abkühlen, gibt sie mit dem Saft zusammen in einen Glaskolben und verschließt diesen mit einem Gärspund mit Stopfen. Man lässt ihn im Keller auf einem Holzgestell acht Wochen stehen.
Wenn die Gärung vollständig aufgehört hat, wird der Wein auf Flaschen gezogen, leicht verkorkt, damit er noch etwas nachgären kann, und dann fest verkorkt und versiegelt.
Lagerungszeit zwei bis drei Jahre. Die Güte des Weins nimmt mit längerer Lagerung zu. Besonders gut wird der Wein aus Weißen Johannisbeeren.

Die Schwarze Johannisbeere

Die Wildform der Schwarzen Johannisbeere (Ribes nigrum) finden wir selten in Bruch- und Auenwäldern, wo sie als aufrechter, bis zu eineinhalb Meter hoher Kleinstrauch wächst. Der strenge Geruch ihrer drei- bis fünflappigen Blätter hat ihr auch den Namen „Wanzenbeere" eingebracht. Die schwarzen Beeren sind zwar essbar, haben jedoch einen herben Geschmack.

Als Kulturpflanze trat sie erst sehr spät in Erscheinung. In der Antike war sie völlig unbekannt, was mit ihrem natürlichen Verbreitungsgebiet in Nord- und Osteuropa zu erklären ist. Hildegard von Bingen beschreibt in ihrer „Physica" einen „Gichtbaum", bei dem es sich um die Schwarze Johannisbeere handeln könnte, denn in vielen Gegenden Deutschlands ist sie als „Gichtbeere oder Jechtdruwel" bekannt.

Dann wird sie erst wieder im ausgehenden 16. Jahrhundert von Tabernaemontanus in seinem Kräuterbuch beschrieben und abgebildet. Er erwähnt auch den „unlustigen" Geschmack der Beeren, den starken Geruch der Blätter und das Vorkommen der Pflanze „in etlichen Bergen". Offensichtlich handelte es sich bei der Beschreibung noch um die Wildform. Um das Jahr 1750 war in Frankreich bereits der Anbau als Gartenfrucht bekannt.

Die Schwarze Johannisbeere in der Volksmedizin

In der Volksmedizin war die Schwarze Johannisbeere als Mittel gegen Gicht wohlbekannt, wobei sie auch als sympathetisches Mittel angewandt wurde, d.h., man versuchte die Krankheit auf die Pflanze zu übertragen. Hierfür gibt es unterschiedliche Bräuche: In Mecklenburg ging man bei reißender Gicht zu einem Schwarzen Johannisbeerstrauch und sprach:

Busch ich klag di /
de riten Jicht die plagt mi /
Sei plagt mi woll Dag un Nacht: /
De isst Vagel, di oewer die flicht /
Die nem die riten Jicht mit.

Eine sehr amüsante Gichtkur ist aus Böhmen überliefert: Der Strauch der Schwarzen Johannisbeere muss am Johannisabend von einer Jungfrau gestohlen werden und um Mitternacht nackt gepflanzt werden. Die Blätter des Strauches sind tatsächlich ein gutes Mittel gegen die Gicht, denn sie haben antirheumatische, harntreibende und reinigende Eigenschaften.

JOHANNISBEERSAFT GEGEN HERPES

Inhaltsstoffe (auf 100 g Früchte):

WASSER	81,3 PROZENT
KOHLENHYDRATE	6,1 PROZENT
EIWEISS	1,0 PROZENT
FETT	0,2 PROZENT
BALLASTSTOFFE	6,8 PROZENT
MINERALSTOFFE	800 MG
VITAMIN C, B1, B2, B6, E1	

Japanische Wissenschaftler konnten die Wirksamkeit von Schwarzem Johannisbeerextrakt gegen Herpes-Viren nachweisen. Sie ist vermutlich in der einzigartigen Mixtur aus ätherischen Ölen, sekundären Pflanzenstoffen, Vitamin C, Kalium und Pektinen begründet. Die Beeren haben einen außerordentlich hohen Vitamin-C-Gehalt und sind reich an Mineralstoffen. Die Schalen der Beeren enthalten reichlich dunkelfärbende Anthocyanine. Diese hemmen Keime, stärken das Immunsystem, regulieren den Blutdruck und senken den Cholesterinspiegel.

Verwendung

Früher waren die Früchte der Schwarzen Johannisbeere eine wichtige Vitamin-C-Quelle für die Bevölkerung. Leider ist sie etwas aus der Mode gekommen. Dabei lassen sich die aromatischen Beeren bestens zu Saft, Marmelade, Gelee und Likör verarbeiten.

Anbau und Pflege

Der ideale Standort sind sonnige Lagen auf nährstoffreichen, humosen und feuchten Böden ohne Staunässe. Da die Wildform aus unserem Klimaraum stammt, ist der Anbau insgesamt unproblematisch. In ungünstigen Jahren kann es bei unzureichender Befruchtung infolge von Frösten oder schlechtem Blühwetter zum sogenannten Verrieseln der Früchte kommen, d.h., mangelhaft befruchtete Beeren fallen von der Traube ab.

Nach der Ernte werden die Sträucher ausgelichtet, indem dunkle Triebe mit über vier Jahre altem Holz an der Triebbasis abgeschnitten werden. Insgesamt sollten nicht mehr als sieben Triebe stehen bleiben, damit genügend Licht in den Strauch kommt.

Empfehlenswert ist beispielsweise die Sorte „Bogatyr“ aus der ehemaligen UdSSR, da sie relativ ertragssicher und robust gegenüber Krankheiten und Schädlingen ist. Die großen Beeren reifen regelmäßig, schmecken angenehm mild und aromatisch und sind sehr vielseitig verwendbar. Auch die Sorte „Tinker“ zeichnet sich durch gute Anbaueigenschaften aus, ihre Früchte haben den höchsten Vitamin-C-Gehalt.

JOHANNISBEERLIKÖR

500 g schwarze gewaschene, abgezupfte, zerdrückte Johannisbeeren in eine weithalsige Flasche füllen, 300 g Kandiszucker, einige gewaschene Johannisbeerblätter, eine kleine Zimtstange und 5 Nelken zugeben, mit 0,7 l Weinbrand auffüllen, die Flasche verschließen und 6 Wochen an einem sonnigen Ort stehen lassen.

Dann die Flüssigkeit durch ein Sieb gießen und wieder in eine Flasche füllen, verschließen und kühl aufbewahren.

☞ Schwarze Johannisbeeren haben einen besonders hohen Gehalt an Vitamin C.

II.

Die Stachelbeere

Unsere heimische Wilde Stachelbeere (Ribes uva-crispa) wächst als dicht verzweigter Kleinstrauch mit leicht überhängenden stacheligen Zweigen. Die wechselständigen drei- bis fünflappigen Blätter knospen recht früh, teilweise schon Ende März. Im Mai erscheinen in den Blattachseln die grünlich-braunen glockigen Blüten. Ebenfalls grünlich sind die borstig behaarten essbaren Beeren. Man findet den Strauch im lichten Schatten von Hecken und Gebüschen sowie in Schlucht- und Auwäldern.
Die Engländer fanden schon früh Geschmack an den stark behaarten Beeren. Bereits im Jahr 1276 wird die Pflanze auf einer Einkaufsliste für den Garten König Eduards I. erwähnt.
Bei uns wurde sie relativ spät in Kultur genommen. Der bekannte deutsche Botaniker Leonhard Fuchs beschrieb in seinem Kräuterbuch von 1543 unter dem Namen „Krüselbeer" noch die Wildform der Stachelbeere. Das mittelhochdeutsche *krus* = kraus, welches in vielen Volksnamen der Stachelbeere steckt, bezieht sich vermutlich auf die „zähe" Haut der Beeren. Conrad Gesner beschreibt in seinem „Horti Germaniae" im Jahre 1561 bereits eine großfruchtige Kulturform. Um die Mitte des 18. Jahrhunderts gab es in Deutschland erst fünf Sorten, die alle aus der einheimischen Wildart herausgezüchtet worden waren. Später kamen englische Sorten dazu, und man kreuzte amerikanische Stachelbeeren ein, so dass im 19. Jahrhundert eine große Zahl an Kultursorten bekannt war.
Doch dann brachte das Einschleppen des amerikanischen Stachelbeermehltau einen herben Rückschlag. Durch das Einkreuzen von amerikanischen Wildarten, die gegen den Pilz resistent sind, ist es schließlich gelungen, widerstandsfähige Sorten zu züchten. Neuere Sorten haben teilweise auch keine Dornen mehr.

☞ Die Stachelbeere.

JUNGBRUNNEN STACHELBEERE

Inhaltsstoffe (auf 100 g Beeren):

WASSER	87 PROZENT
KOHLENHYDRATE	9 PROZENT
BALLASTSTOFFE	2,5 PROZENT
EIWEISS	0,8 PROZENT
FETT	0,2 PROZENT
VITAMIN C	35 MG
VITAMIN E, B1, B2, B3, B5, B6	
FOLSÄURE	
KALIUM	200 MG
KALZIUM	30 MG
PHOSPHAT	30 MG
MAGNESIUM	10 MG
EISEN	0,5 MG
ZINK	0,15 MG
MANGAN	0,15 MG

Die Inhaltsstoffe der Stachelbeere wirken wie eine Putzkolonne auf den Organismus. Die Ballaststoffe reinigen den Darm, das reichlich vorhandene Kalium wirkt entwässernd und ausschwemmend. Silizium welches hauptsächlich in den Schalen steckt, unterstützt das Entgiften und sorgt für stabile Gefäße und kräftiges Bindegewebe. Reichlich vorhanden ist auch das Spurenelement Zink, das die Abwehrkräfte mobilisiert und im Zusammenspiel mit Magnesium das Herz und die Muskeln störungsfrei arbeiten lässt.
Die Polyphenole Querzetin und Katechin wirken virenhemmend, halten die Arterien frei von Blutgerinseln und gelten sogar als krebshemmend.

Wochenlange Erntefreuden

Stachelbeeren erfreuen uns im Hausgarten mit wochenlangen Erntefreuden. Sie reifen je nach Sorte von Anfang Juli bis Ende August. Regelmäßiges Durchpflücken sorgt dafür, dass Nachzügler genügend Platz haben und in Ruhe nachreifen können. Zu Unrecht gelten Stachelbeeren landläufig als sehr saure Früchte. Hartreif geerntet überwiegt zwar die säuerliche Komponente, vollreif weisen sie jedoch einen sehr hohen Zuckergehalt auf und schmecken durchaus süß und aromatisch.

Will man die Früchte zu Gelee oder Marmelade verarbeiten, empfiehlt sich eine hartreife Ernte, da ein hoher Säureanteil das Gelieren unterstützt. Eine herrlich fruchtig-aromatische Marmelade erhält man, wenn man Stachelbeeren mit der gleichen Menge Aprikosen mischt.

Blüte und Stiel müssen vor der Verarbeitung entfernt werden. Am besten geht dies mit einer kleinen Schere.

Stachelbeeren im Garten

Stachelbeeren stellen keine großen Ansprüche an Standort und Boden, nur Staunässe und Trockenheit mögen sie nicht. Als ursprüngliche Waldbewohner gedeihen sie auch im Halbschatten, beispielsweise zwischen Obstbäumen.

Es gibt für den Hausgarten neue, robuste Züchtungen als Strauch oder Hochstämmchen.

Die Sorte „Rokula“ trägt dunkelrote, sehr aromatische Beeren, welche frisch vom Strauch am besten schmecken. „Easycrisp“ ist eine fast dornenlose Züchtung mit goldgelben, glattschaligen und aromatischen Beeren. Ebenfalls dornenlos ist „Pax“, eine Neuzüchtung aus England mit großen dunkelroten Beeren. Sehr beliebt ist die „Weiße Triumphbeere“, eine sehr alte Sorte aus England, die bereits vor 1800 erwähnt wird. Die weißgrünen, süß-säuerlichen aromatischen Beeren sind sehr vielseitig verwendbar. Allerdings ist die Sorte etwas anfällig für Mehltau.

☞ Reife Stachelbeeren im Garten.

Mythologie und Volksglaube

Im Volksglauben dienten die stacheligen Zweige der Stachelbeere zur Abwehr von Hexen. Leonhard Fuchs schreibt darüber: *Man sagt auch das die aste von der Krüselbeeren für die thür und fenster gestrewet oder gelegt allerley zaubereyen ond vergiftung vertreiben*.

Es war früher auch üblich, Haus und Hof mit einer Hecke aus Dornensträuchern zum Schutz vor Dämonen zu umgeben. So ist es durchaus möglich, dass die Stachelbeere auf diese Weise ihren Weg in den Garten gefunden hat.

STACHELBEER-APRIKOSEN-MARMELADE

500 g gewaschene Stachelbeeren mixen oder durch den Fleischwolf drehen. 500 g Aprikosen waschen, entsteinen, klein schneiden und mit etwas Wasser kurz weich dünsten. Die abgekühlten Aprikosen mit den Stachelbeeren und 500 g Gelierzucker 2:1 mischen und das Ganze zum Kochen bringen. Die Marmelade 2–4 Minuten sprudelnd kochen lassen und sofort randvoll in gereinigte Twist-off-Gläser füllen und verschließen.

Wildbeeren – herb und süß

☞ Die Berberis-Beere.

Beeren gehören sicherlich zu den ältesten Nahrungsmitteln der Menschen überhaupt. Die meisten unserer heutigen Wildbeerenarten wurden bereits in der Jungsteinzeit gesammelt und gegessen. Viele Beerenarten haben nach und nach Einzug in die Gärten gehalten und wurden züchterisch weiterentwickelt, vor allen Dingen hinsichtlich Größe und Ertrag. Einzelne Beerenarten sind jedoch immer noch in erster Linie Wildfrüchte und werden in manchen Ländern auch noch in großen Mengen gesammelt. In der Regel sind Wildbeeren zwar kleiner, aber auch wesentlich aromatischer als die großen Schwestern aus den Gärten.

Teilweise enthalten die Wildbeeren aber auch mehr bittere und herbe Geschmacksstoffe und sind deshalb roh relativ ungenießbar. Oft entfalten sie ihr volles Aroma erst beim Kochen in Verbindung mit Zucker. Veredelt in Form von Saft, Marmelade, Fruchtwein, Likör oder Essig können sie unseren täglichen Speiseplan mit ihrer erstaunlichen Geschmacksvielfalt sehr bereichern und „exotische" Genüsse bescheren.

Die Berberitze

Zweimal im Jahr zieht der bis zu drei Meter hohe Berberitzen-Strauch (Berberis vulgaris) aus der Familie der Sauerdorngewächse unsere Blicke auf sich: im Frühjahr, wenn er über und über mit gelben, süß duftenden Blütentrauben behangen ist, und im Herbst, wenn die roten Beeren weithin leuchten.

Der botanische Gattungsname leitet sich aus dem arabischen Wort „berberi" = Muschel ab und bezieht sich auf die Form der Blütenblätter. Die wärmeliebende und hitzeverträgliche Berberitze ist in Mittel- und Südeuropa weit verbreitet, an sonnigen Waldrändern, in Hecken und Gebüschen.

Der Strauch wächst zunächst straff aufrecht, später bogig überhängend. An den Zweigen befinden sich dreiteilige Dornen. Die frischen grünen Blätter sind verkehrt eiförmig und sitzen in Büscheln an den Kurztrieben. Im Herbst färben sie sich auffällig gelb-orange bis leuchtend rot.

Die Früchte und ihre Verwendung

Im September reifen die auffällig orange- bis dunkelroten, schmalen walzenförmigen Beeren. Sie sind reich an Vitamin C und enthalten auch viele Mineralstoffe und Spurenelemente. Beim Reifen werden die Beeren erstaunlicherweise immer saurer, was sich in volkstümlichen Bezeichnungen wie Essigdorn oder Sauerach widerspiegelt. Der Saft wurde früher gerne als Ersatz für Zitrone verwendet. Auch Marmelade wurde aus den Beeren gekocht. Die Volksnamen „Weinnägelein“ und „Weinschierling“ deuten auf eine weitere Verwendung der Beeren hin: auf die Bereitung von Obstwein. In der Habsburger Monarchie waren Berberitzenbonbons unter dem Namen „Weinscharl“ beliebt. In der k.u.k. Hofzuckerbäckerei Demel sind sie heute noch erhältlich. Auch in kandierter oder getrockneter Form dienten die Beeren zur Ergänzung des winterlichen Speisezettels. Die Araber dünsten die Früchte in Öl und Zucker und würzen damit Fleisch- und Reisgerichte.

Die Berberitze als traditionelle Färbepflanze

Die Farbe der Blüten findet sich im Inneren der Pflanze wieder, denn das Holz und die Wurzeln sind leuchtend gelb bis orange gefärbt. Hildegard von Bingen (1098–1179) beschrieb den Strauch deshalb unter dem Namen „Gelboum“. Mit der Rinde von Holz und Wurzeln wurden früher Wolle, Leinen, Leder und Holz gelb gefärbt. Auch die Beeren können zum Färben verwendet werden. Der gepresste Saft ergibt ohne Beizmittel eine rosenrote Farbe, mit Zinnbeize werden Stoffe oder Fasern karmesinrot. Sogar als Tinte oder Lebensmittelfarbe lässt sich der Saft nutzen.

Gelbes mit Gelbem heilen

Die gelbe Farbe der Berberitze spielt auch in ihrer Funktion als Heilpflanze eine Rolle. In der Signaturenlehre lässt das Äußere einer Pflanze auf das Innere, das Wesen und die Wirkung schließen. Pflanzen mit gelben Blüten oder gelbem Milchsaft wurden deshalb häufig als Heilmittel für die Gelbsucht verwendet. Im 16. Jahrhundert empfahl Paracelsus die Berberitze bei Leber- und Gallenleiden. Interessanterweise hat diese Farbsignatur bis in die Chemie hinein ihre Gültigkeit, denn die Wurzel der Berberitze enthält das gelbfärbende Alkaloid Berberin, welches galletreibend wirkt und so bei Leberstauungen hilft. Nebenbei wirkt es auch blutdrucksenkend und stimulierend auf die innere Muskulatur. Von einer Selbstmedikation ist allerdings abzuraten, da das Berberin in höheren Dosen giftig ist.

☞ Die Berberitze nannte man früher Peisselbeer.

Die Berberitzenbeeren sind appetitanregend und wirken fiebersenkend. Der Saft ist deshalb als erfrischendes Getränk bei fieberhaften Erkältungskrankheiten zu empfehlen.

BERBERITZENSIRUP

Die Beeren sollten gesammelt werden, wenn die ersten reifen Beeren bereits abfallen. Die gewaschenen Beeren grob zerkleinern und mit etwas Wasser aufkochen. Den Saft auffangen und abmessen. Auf 1 l Saft verwendet man 1 kg Zucker. Den Zucker in wenig Wasser erhitzen und zu einem zähen Sirup verrühren. Den Berberitzensaft zugeben, nochmals kurz aufkochen und heiß in Flaschen füllen.

Mythologie und Volksbrauchtum

Als Dornenstrauch dient die Berberitze zum Schutz vor Hexerei und Zauberei. Die dornigen Triebe müssen in der Karfreitagnacht zwischen elf und zwölf geschnitten werden, wobei bei jedem Schnitt die heiligste Dreifaltigkeit angerufen werden muss. Wer stets einen solchen Zweig bei sich trägt, wird nie im Leben von einem Dorn gestochen, noch weniger kann ihm ein Dorn im Fleisch stecken bleiben. Wo ein solcher Zweig unter Anrufung der drei höchsten Namen irgendwo im Haus oder Stall eingesteckt ist, kann nie ein böser Zauber wirken.

Die Heidelbeere

Die Heidelbeere (Vaccinium myrtillus) gehört zur Familie der Heidekrautgewächse. Das Wort Heide kommt von dem germanischen Adjektiv *heidna* – „wild“. Der zwanzig bis fünfzig Zentimeter hohe Halbstrauch wächst gesellig in bodensauren lichten Laub- und Nadelwäldern, besonders in Gebirgsfichtenwäldern.

An den aufrechten grünen, scharfkantigen Zweigen stehen wechselständig die kurz gestielten ovalen, am Ende zugespitzten Blätter. Im Spätsommer beginnt die Herbstfärbung des Strauches, wobei sich das Laub tiefrot verfärbt. Die hellgrün-rötlichen glockigen Blüten erscheinen einzeln oder paarweise in den Blattachseln. Ab Juli reifen die blauschwarzen, bis zu einem Zentimeter großen, meist hellblau bereiften Beeren mit dem stark färbenden roten Fruchtfleisch.

Die Beeren lassen sich vielseitig verwenden, sowohl für den Frischverzehr als auch für Marmelade, Kompott oder als Kuchenbelag. Auch die Herstellung von Heidelbeerwein ist schon seit vielen Jahrhunderten beliebt.Wenn man bei uns frische Heidelbeeren kauft, so sind dies in der Regel Kulturheidelbeeren. Diese wurden aus der Amerikanischen Heidelbeere (Vaccinium corymbosum) gezüchtet. Mit den heimischen Blaubeeren können die Früchte in Geschmack und Inhaltstoffen zwar nicht mithalten, doch sie sind ebenfalls sehr wohlschmeckend und gesund. Ihr Fruchtfleisch ist weiß.

Obwohl die leckeren Beeren umfangreiche Heilkräfte besitzen, setzte die Wertschätzung der Pflanze bei den Ärzten und Heilkundigen erst spät ein. Hildegard von Bingen erwähnte zwar in ihrer „Physica“ die „Heydel- oder Waltbeere“, doch war sie der Ansicht, dass die Beere den Menschen schädlich sei, weil sie bei reichlichem Genuss Gift erzeuge.

Hieronymus Bock maß den Beeren in seinem Kräuterbuch von 1539 ebenfalls keine große Bedeutung als Heilpflanze bei, erwähnte aber, dass sie „wohlschmeckend und mehr nützlich zur Speiss“ sei. *Die Jugend,* sagt Bock, *hat im Kirsenmonat jr kurtzweil mit diesen Beeren / sonderlich die armen Hirten / und andere / so sonst nicht vil haben / lassen sich genügen mit Heidelbeer und dergleichen früchten.*

In der Volksmedizin war sie schon lange ein bewährtes Mittel bei Durchfall und Ruhr.

Die Beeren wurden dafür in Form von Mus oder Heidelbeerwein eingenommen. Besonders wirksam sollten sie sein, wenn sie an Jakobi (25. Juli) gepflückt wurden.

☞ Bereits im 16. Jahrhundert schätzte man den Geschmack der Heidelbeeren.

EWIGE JUGEND DURCH BLAUBEEREN

Der Traum von der ewigen Jugend kann uns die Heidelbeere zwar nicht erfüllen, dennoch schützt der reichliche Genuss ihrer Beeren auf wunderbare Weise vor vorzeitigem Altern.

Ihre intensive tintenblaue Farbe deutet auf die Anthocyane aus der Stoffgruppe der Polyphenole. Als bioaktive Substanzen haben sie die Fähigkeit, schädliche Moleküle, die so genannten freien Radikale, im Körper abzufangen. Dadurch schützen sie vor vorzeitiger Zellalterung, Erkrankungen des Herz-Kreislauf-Systems und der Gelenke und beugen Tumoren vor. Zu erwähnen sind auch die astringierenden, antibak-

s. Vitis Idæa Theo-
rasti Clusij in Pan-
on. Dalechamp. seu
yrtillus Matth. Off.
accinia nigra Lobel.
od. Vit. Idæa minor
halij. Myrtillus Ger-
anica Herbar. Lugd.
ocus.
orma.

empus.

por.
us.

tera species.
cus.

A
Br
für
dē/
vnd
wol
delb
zwe
vnd klein. Aber der kleinen
der grossen/ vnd seind jeder
Dañ wa sie wachsen / da fi
lein vast vil bey einander i
den / im Schwartzwald /
sart/ im Waßgaw / am Od
die zincklein diser frucht se
grün wie die Pfrimmen r
mit schönen grünen sattē b
chen sich aller ding den Bu
doch zärter. Im Meyen e
dem Laub runde Blümlein
anzůsehen wie kleine brau
lein/ in einem jeden ein roh
oder Zäpfflein/ darauß we
be Beerlein / vnd so die ger
den im Kirsenmonat/ ersch
schwartz/ nicht anders anzů
lein am Weckholder staud
vast lieblich vnd süß. Ei
vnd Frucht der jungen Ki
vögelein.

Die grossen Heidelb
allein in Wälden / sonder

teriellen und entzündungshemmenden Eigenschaften der Beeren bei Haut- und Schleimhauterkrankungen.

Inhaltsstoffe:

KOHLENHYDRATE	14 PROZENT
ROHFASER	2 PROZENT
EIWEISS	0,6 PROZENT
FETT	0,6 PROZENT
FRUCHTSÄURE	1,5 PROZENT

KALIUM, KALZIUM, PHOSPHOR, EISEN
VITAMIN C, B1, B2, B5,
ANTHOCYANE, KAROTENE, TANNINE, HARZE

Mythos und Volksglaube

Als Beere zum Sammeln war die Heidelbeere von alters her beliebt, vor allem bei Kindern und Jugendlichen. Hierzu sind zahlreiche Bräuche überliefert, wie die Kinder die Angriffe des „Heidelbeermannes" abwehren konnten. Darin steckt noch der uralte Volksglaube an die Macht der Waldgeister. Um sie milde zu stimmen, musste man beim Sammeln einige Beeren in einen hohlen Baum legen oder auf einem Stein zerdrücken.

☞ Herrlich saftige Heidelbeeren laden zum Genießen ein.

☞ Heidelbeeren verwendete man früher zum Färben von Stoffen.

FÄRBEN MIT HEIDELBEEREN

Hieronymus Bock gibt in seinem Kräuterbuch eine Anleitung zum Färben mit den blauen Beeren: *Die karten und brieff maler brauchen den safft von Heidelbeeren, temperieren denselben mit Alaun und mit Galläpfel, je nachdem sie die farb leicht oder sattblaw haben wöllen; die leine tuch und garn ferber nehmen von einem kübel voll beeren den ausgedruckten safft, thun dazu einhalb echtmoss oder becher voll weinessig, ein loth Alaun zerstossen und ein halb loth kupferschlag zerstosssen, das lassen sie miteinander sieden, und so es überschlagen hat daz mans kann an den henden leiden, dann stossen sie das garn oder leine duch darein, henckends auff an die lufft zu drücknen, danach weschen sie es von neuem auss kaltem wasser, so haben sie blaw duch oder garn. Will mans aber liechtblaw haben, so lässt man den Kupferschlag heraussen, will mans noch satter haben,so thut man dazu zwei loth gepülverter Galläpfel.*

3
4
5
2
b
a
b
b
a
1
c
b
b
b
b
1
a
a
c
c
1
A
B
C
D
E
F

Die Moosbeere

Unsere heimische Moosbeere (Vaccinium oxycoccos) gehört zur Familie der Heidekrautgewächse. Als typischer Bewohner der Hoch- und Zwischenmoore wächst der kleine immergrüne Halbstrauch auf Torfmoospolstern in Gesellschaft mit Sonnentau und Rosmarinheide. Er ist in ganz Mittel- und Nordeuropa wie auch in weiten Teilen Russlands verbreitet. Die langen, dünnen, verholzten Stängel kriechen als bis zu 80 cm lange Ranken über den Boden. Daran wachsen wechselständig kleine, ledrig-derbe Laubblätter, die oben dunkelgrün und unten wachsartig blaugrün bereift sind.

Von Mai bis Juni erscheinen langgestielte, rosafarbene Blüten mit bis zu vier lanzettartigen, zurückgeschlagenen Blütenblättern. Die kugeligen, vier bis fünf Millimeter großen Beeren sind in der Regel tiefrot gefärbt. Das saftige Fruchtfleisch enthält mehrere Samen.

Für die Ernte sollte man die ersten Fröste abwarten, da die Beeren dann weicher sind und nicht mehr so herb schmecken. Der Geschmack ähnelt dem der Preiselbeeren. Moosbeeren sind auch zum Frischverzehr geeignet, zu Marmelade, Gelee oder Saft verarbeitet schmecken sie allerdings besser. Sie eignen sich wie Preiselbeeren sehr gut zu Wildgerichten. In Finnland und Russland werden aus der Moosbeere auch alkoholische Getränke hergestellt.

Moore sind in Deutschland selten geworden und deshalb streng geschützt. So hat man bei uns in der Regel keine Möglichkeit mehr, Moosbeeren zu sammeln. In Nord- und Osteuropa werden sie dagegen noch in großen Mengen geerntet und verarbeitet.

☞ Die Moosbeere.

MOOSBEEREN GEGEN SKORBUT

Der herbsaure Geschmack der Moosbeeren wird durch den hohen Anteil an Fruchtsäuren hervorgerufen. Das ist in erster Linie die Zitronensäure, daneben kommen aber auch noch Chlorogensäure und Benzoesäure vor. Letztere ist ein natürliches Konservierungsmittel, weshalb die Beeren sehr lange haltbar sind. Aus diesem Grund waren sie früher im Winter ein sehr wichtiges Mittel gegen Skorbut, denn auch der Vitamin-C-Gehalt der Beeren kann sich sehen lassen.

Inhaltsstoffe:

ZUCKER	2,4–6,1 PROZENT
SÄURE	2,1–4,9 PROZENT
PEKTIN	0,4–0,8 PROZENT
MINERALSTOFFE	0,2–0,3 PROZENT
VITAMIN C	15–30 MG / 100G
VITAMIN B1, B2	

Die nordamerikanische Verwandte unserer heimischen Moosbeere ist die so genannte Cranberry (Großfruchtige Moosbeere – Vaccinium Macrocarpon). Ihre Früchte werden in den USA großflächig angebaut und vermarktet. Neuerdings sieht man sie auch bei uns häufig im Handel. Fälschlicherweise wird sie häufig auch als „Kulturpreiselbeere" bezeichnet.

Die Ernte der Cranberries ist spektakulär: Sie werden maschinell vom Strauch geschüttelt, und anschließend werden die Felder geflutet und die reifen, obenauf schwimmenden Beeren eingesammelt.

Die Cranberries sind groß und dunkelrot, haben knackig festes Fruchtfleisch und einen fruchtig-herben Geschmack. Wie die kleinen Moosbeeren enthalten sie Benzoesäure, die eine konservierende Wirkung hat. Die Indianer Nordamerikas machten sich diese schon lange zunutze, indem sie getrocknetes Fleisch mit den Beeren zu einem Mus zerstampften und in Vorratsbehälter aus Tierhäuten füllten. So hatten sie eine natürliche Konserve als Proviant auf langen Reisen oder als Vorrat für lange strenge Winter. Die lange natürliche Haltbarkeit der Früchte machte man sich früher auch bei langen Schiffsreisen zunut-

ze. In Holzfässern gelagert, mit kaltem Wasser gekühlt, blieben die Beeren sehr lange frisch und waren ein wichtiges Mittel gegen die gefürchtete Vitamin-C-Mangelkrankheit Skorbut. Auch zur Wundbehandlung wurde der Saft der Beeren von den Indianern eingesetzt, indem sie die Wunden mit dem Saft der Beeren auswuschen.
Neue klinische Studien belegen die entzündungshemmende und antibakterielle Wirkung der Cranberries. Die reichlich enthaltenen Flavonoide und Polyphenole wirken als Antioxidantien und schützen somit die menschlichen Zellen vor freien Radikalen. Bei regelmäßigem Genuss können sie bei Arteriosklerose sogar die Wände der Blutgefäße wieder elastisch machen. Wie bei der Preiselbeere kann der Saft der Cranberries bei regelmäßiger Einnahme Harnwegsinfektionen vorbeugen, da die Pro-Anthocyane verhindern, dass sich antibiotikumresistente Bakterienstämme in die Schleimhäute von Niere und Blase einnisten.
Ihren heutigen Namen erhielt die Cranberry, als 1620 die ersten Siedler vor Neuengland landeten. Die Blüte der Pflanze erinnerte sie an den Kopf oder Schnabel eines Kranichs, weshalb sie die Pflanze Kranichbeere nannten.

☞ Preiselbeeren sind eine delikate Beilage zu Wildgerichten.

FRISCHE MOOSBEEREN-ORANGEN-MARMELADE

500 G GROSSFRUCHTIGE MOOSBEEREN (CRANBERRIES), 1 UNGESPRITZTE ORANGE, CA. 200 G ZUCKER

Die Orange in Stücke schneiden und die Kerne entfernen.
Die Hälfte der Beeren und die Hälfte der Orangenstücke im Mixer zerkleinern, Zucker zugeben, bis die gewünschte Süße erreicht ist. In ein Glas füllen und kalt aufbewahren. Den Vorgang mit den restlichen Zutaten wiederholen.

Die Preiselbeere

Die Preiselbeere (Vaccinium vitis-idea) ist eng verwandt mit der Heidelbeere und gehört wie diese zur Familie der Heidekrautgewächse. Der niedrige, maximal dreißig Zentimeter hohe Halbstrauch wächst bevorzugt auf bodensauren, nährstoffarmen Standorten, in lichten Laub- und Nadelwäldern, in Mooren und in alpinen Zwergstrauchheiden bis 3000 Meter Höhe. Die ovalen lederartigen Blätter sitzen wechselständig an den Zweigen. Auf der Oberseite sind sie dunkelgrün, auf der Unterseite bleichgrün mit dunklen Harzdrüsenpunkten. An diesen kann man die Pflanze von der sehr ähnlichen und mit ihr vergesellschafteten Bärentraube unterscheiden, deren Blätter auf der Unterseite eine vertiefte Netzaderung aufweisen. Die Beeren der Bärentraube sind zwar nicht giftig, aber unangenehm im Geschmack. Ab Mai erscheinen weiße, rot überhauchte Blütenglöckchen, die in Trauben an den Triebenden sitzen. Ende August reifen die zunächst weißen, später leuchtend roten Beeren.
In manchen Gegenden wird die Preiselbeere auch „Immergrün“ genannt, weil ihre Blätter auch im Winter grün sind.

NATUR-ANTIBIOTIKUM PREISELBEERE

Inhaltsstoffe:

WASSER	88 PROZENT
KOHLENHYDRATE	10 PROZENT
FETT	0,5 PROZFNT
FRUCHTSÄUREN	2,4 PROZENT
PEKTINE	
KALIUM	72 MG
KALZIUM	14 MG
MAGNESIUM	6 MG
VITAMIN C	12 MG
VITAMIN A, B1, B2, B5, B6	
FLAVONOIDE, ANTHOCYANE	

Die gerbstoffreichen Blätter werden in der Naturheilkunde schon lange zur Behandlung von Harnwegsinfektionen eingesetzt. Dass auch der regelmäßige Genuss von Preiselbeersaft gegen Blasenleiden hilft, wurde erst jetzt in klinischen Studien nachgewiesen. Die in den Beeren enthaltenen Pro-Anthocyane wirken als natürliches Antibiotikum, indem sie verhindern, dass sich Escherichia-coli-Bakterien an die Schleimhautzellen von Nieren und Blase anheften, die so leichter ausgeschwemmt werden. Personen mit chronischen Harnwegsinfektionen können sich durch regelmäßigen Genuss von Preiselbeersaft effektiv vor ständig neuen Infektionen schützen.
Darüber hinaus wirken einige der Inhaltsstoffe antioxidativ: Die Flavonoide und Antocyane sowie das reichlich enthaltene Vitamin C machen freie Radikale unschädlich und schützen somit unsere Zellen vor vorzeitiger Alterung und vor Tumoren.

Ernte und Verwertung

Die Reifezeit und damit die Sammelzeit reicht von Juli bis September. Die Beeren sollten erst einige Wochen nach dem Rotwerden gepflückt werden, dann sind sie am größten und am besten. Das helle, knackig feste Fruchtfleisch schmeckt wegen des hohen Anteils an Fruchtsäuren frisch ausgesprochen herb . Erst beim Kochen in Verbindung mit Zucker entfaltet sich das köstliche Aroma der Beeren, weshalb sie gerne zu Kompott, Marmelade oder Likör verarbeitet werden. Fast unverzichtbar sind Preiselbeeren als Beilage zu Wildgerichten, aber auch zu anderen herzhaften Menüs schmecken sie sehr delikat.

PREISELBEER-KÜRBIS-KONFITÜRE

600 G PREISELBEEREN, 700 G EINMACHZUCKER, 500 G KÜRBIS, 2 STÜCK INGWER, 1 MESSERSPITZE KARDAMOM

Die Preiselbeeren waschen und verlesen, gut abtropfen lassen, mit der Gabel zerdrücken und mit Zucker mischen, drei Stunden ziehen lassen, pürieren und durch ein Sieb streichen. Den Kürbis raspeln, die Ingwerknollen schälen und fein reiben. Zusammen mit dem Kardamon in 100 ml Wasser 5 Minuten dünsten. Dann die Beeren zugeben und alles zusammen erhitzen, bis es sprudelnd kocht, weitere 20–30 Minuten unter häufigem Umrühren kochen lassen. Sobald die Marmelade geliert, wird sie randvoll in Twist-off-Gläser gefüllt und sofort verschlossen.

☞ Preiselbeeren.

Mythos und Volksglaube

Einer Tiroler Sage zufolge soll der Teufel die Preiselbeeren erschaffen haben. Jeder, der vorbeiging und davon aß, musste sterben und war dann dem Bösen verfallen. Da machte der Herr, um diesen Beeren das Gift zu nehmen, auf jede ein weißes Kreuzlein, das man noch heute sehen kann – gemeint ist der noch an der Frucht sichtbare Rest des vierzähnigen Kelches. Der Teufel war darüber sehr ergrimmt und sann deshalb nach, wie er den Menschen durch die rote Beere doch noch schaden könnte. Plötzlich kam ihm der teuflische Gedanke, die Leute zu lehren, wie man aus den Beeren Branntwein brennt. Gedacht, getan. So bekam er durch die Trunksucht doch noch viele Menschen in seine Gewalt.

☞ Die Preiselbeere nennt man auch Steinbeere.

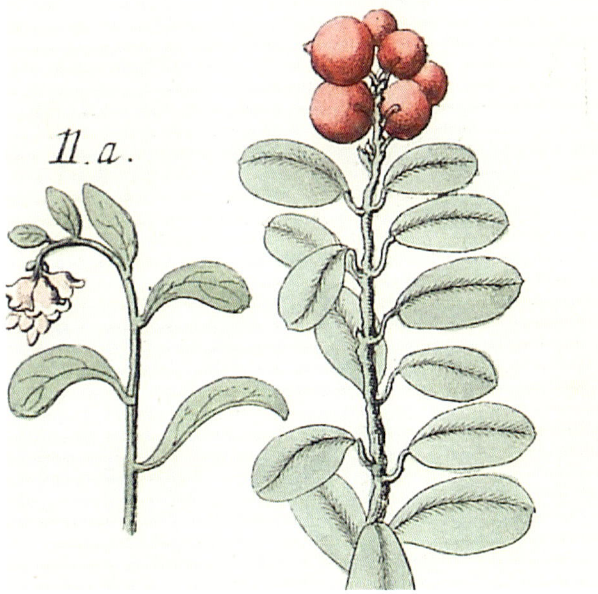

Preiselbeeren im Garten

In Gartencentern und Baumschulen gibt es auch Kultursorten der Preiselbeere mit besonders großen Beeren zu kaufen, z.B. „Koralle“ oder „Red Pearl“. Will man eine solche Pflanze in den Garten setzen, muss man unbedingt darauf achten, dass sie sauren Boden benötigen. Am besten pflanzt man sie in Tröge, welche mit spezieller Moorbeeterde gefüllt sind. Manchmal werden auch Cranberry-Pflanzen unter dem Namen „Kulturpreiselbeeren“ verkauft. Dieser Name ist irreführend, denn dabei handelt es sich um die „Großfruchtige Moosbeere“, die sich im Geschmack deutlich von der Preiselbeere unterscheidet.

Die Walderdbeere (Fragaria vesca) gehört zur Familie der Rosengewächse. Man findet sie bevorzugt an Waldrändern und -wegen sowie auf Lichtungen. Im Frühjahr treibt sie aus einem dicken Wurzelstock dreiteilige, am Rande grob gezähnte Rosettenblätter. Danach erscheinen an den Stängelenden traubig angeordnete weiße Blüten mit gelbem Blütenboden. Die ein bis zwei Zentimeter großen Sammelnussfrüchte entstehen aus dem fleischig werdenden Blütenboden.

Verwendung als Nahrungsmittel

Bereits in der Steinzeit wurde die Erdbeere von den Menschen gesammelt und für die menschliche Ernährung genutzt, was auch durch archäologische Funde aus jungsteinzeitlichen Siedlungen belegt ist. Vergil und Ovid erwähnten die Qualitäten der aromatischen „Beeren", welche sie *frega* oder *fregum* nannten. Der botanische Name *fragaria* leitet sich vom lateinischen *fragare* („duften") her. Tatsächlich verströmen reife Walderdbeeren einen feinen Duft. Das köstliche Aroma der kleinen Früchte, das sich aus dreihundert Einzelbestandteilen zusammensetzt, genießt man am besten frisch. Die kleinen Nüsschen auf der Oberfläche der roten Scheinfrüchte enthalten einen Bitterstoff, der nach ein paar Minuten Kochen in Erscheinung tritt und die Marmelade etwas bitter schmecken lässt. Die Erdbeeren sind reich an Vitamin C und an Mineralstoffen. Pflanzenfarbstoffe – Flavonoide und Anthocyane – sind ebenfalls reichlich enthalten. Sie wirken in unserem Körper als Bakterien- und Virenkiller, schützen die Gefäße und beugen somit Arteriosklerose und Infarkten vor.
Beim Sammeln der Beeren sollte man darauf achten, dass man keine Früchte von verschmutzten Wegrändern pflückt. Die Früchte sind sehr druckempfindlich und müssen rasch verarbeitet oder gegessen werden.

PFANNKUCHEN „WALDFEE"

400 g Walderdbeeren waschen, entstielen und gut abtropfen lassen.
100 g Mehl, 4 Eier, 1/4 l Milch und 1 Prise Salz zu einem glatten Teig verrühren. 4 Teelöffel zerlassene Butter unterrühren. Etwas Butterschmalz in einer Pfanne erhitzen und nacheinander 4 dünne Pfannkuchen backen. 1/4 l Sahne cremig, nicht ganz steif schlagen. Pfannkuchen auf den Tellern anrichten, mit etwas Puderzucker besieben, die Sahne darüber verteilen und zuletzt die Erdbeeren hinzufügen.

☞ Die Walderdbeere.

Erdbeeren in der Pflanzenheilkunde

Erstaunlicherweise war die Erdbeere in der Antike als Heilpflanze unbekannt, während sie in der deutschen Volksmedizin eine nicht unbeträchtliche Rolle spielt. Dabei scheint der Glaube an ihre antidämonischen Eigenschaften mitzuspielen. Tee aus Erdbeerblättern wurde sowohl gegen allerlei Krankheiten als auch zum Schutz vor Behexung verwendet. Die ersten Erdbeeren sollten das ganze Jahr über vor Fieber schützen. Der Botaniker Leonhard Fuchs empfiehlt in seinem „New Kreuterbuch" (1543) Erdbeerblätter gegen Mundfäule und zur Festigung des Zahnfleischs, bei Leber und Gallenleiden, als Wundheilmittel und bei entzündeter Haut. Auch heute noch werden Blätter und Wurzeln der Walderdbeere in der Pflanzenheilkunde zur Behandlung dieser Leiden eingesetzt. Sie wirken appetitanregend, reinigend, harntreibend, astringierend und entzündungshemmend.
Der berühmte schwedische Botaniker Carl von Linné soll sich durch eine Kur aus Erdbeerblättertee und frischen Erdbeeren von der Gicht befreit haben. Viele Jahrhunderte war der Tee aus Erdbeerblättern auch

☞ Die Walderdbeere trägt kleine, aber besonders schmackhafte Früchte.

ein beliebtes Genussmittel – Ersatz für den grünen chinesischen Tee oder in Kräuterteemischungen zusammen mit Himbeer- und Brombeerblättern. Die Blätter der Kulturform sind dafür nicht geeignet.

Mythos und Volksglaube

Es gibt viele Bräuche um das Sammeln der Erdbeeren, in denen auch noch Reste eines vorchristlichen Glaubens zum Ausdruck kommen, dass man den Waldgeistern Beerenopfer darbringen müsse. In Böhmen beispielsweise gilt die Erdbeere als Speise der armen Seelen, weshalb eine beim Pflücken fallengelassene Beere nicht mehr aufgehoben werden darf. Eine Mutter, deren Kind gestorben ist, soll vor Johanni keine Erdbeeren essen, denn an diesem Tag führt Maria die gestorbenen Kinder ins Paradies zum Erdbeerpflücken. Nur die Kinder der vorzeitig naschhaften Mütter dürfen nicht mit, denn ihre Portion ist ja schon verzehrt. Erdbeeren als Speise im Paradies erscheinen öfter auf mittelalterlichen Bildern, wo Maria in einem Garten voller Erdbeeren sitzt.

Walderdbeeren im Garten

Da Walderdbeeren lange Ausläufer treiben, sind sie gut als Bodendecker geeignet.
Zwischen Beerensträucher gepflanzt, verdrängen sie das Unkraut und schützen den Boden vor Austrocknung. Etwas größere Früchte liefern die so genannten „Wiesen-Erdbeeren“ – eine Kreuzung aus Wald- und Gartenerdbeeren – mit den Sorten „Spadeka“ oder „Florika“.
Die Monatserdbeere (Fragaria vesca semperflorens), eine südosteuropäische Abart der heimischen Walderdbeere, blüht und fruchtet vom Frühjahr bis zum Herbst. Als ausläuferlose Variante ist die Sorte „Rügen“ besonders gut für Beeteinfassungen geeignet.

Walderdbeeren müsst ihr ohne
Zucker, ohne Zimt genießen,
Nicht den Essig der Zitrone,
Nicht Burgunder daran gießen.

Laßt sie in der süßen Schale
Roter Lippen halb zerdrücken,
Um sie dann zum zweiten Male
Noch mit einem Kuß zu Pflücken.

HERMANN VON GILM

N. 881.
c
b
c
b

Beeren auf Bäumen – üppige Vielfalt

☞ Im Juni schmückt sich der Holunder mit großen, duftenden Blütendolden.

Im folgenden Kapitel werden fünf fruchttragende Bäume vorgestellt, welche bei den Menschen schon seit Jahrtausenden in hohem Ansehen stehen, ja teilweise sogar als heilig angesehen wurden. Dafür gibt es verschiedene Gründe, die zum einen in ihrer Heilkraft und der vielseitigen Nutzbarkeit ihrer Pflanzenteile liegen, zum anderen aber auch in ihrem Erscheinungsbild, ihrer Langlebigkeit und Widerstandsfähigkeit. Bei den Früchten handelt es sich zum großen Teil nicht um Beeren im botanischen Sinne, doch haben sie sich vom Aussehen her und durch die Namensgebung im Bewusstsein der Menschen so tief als beerentragende Bäume eingeprägt, dass sie mit einigem Recht hier als Beeren auf Bäumen vorgestellt werden.

Schwarzer Holunder

Als treuer Begleiter des Menschen wächst der nährstoffliebende Schwarze Holunder (Sambucus nigra) schon seit der Jungsteinzeit im Umfeld von Siedlungen, an Scheunen, Hofeinfahrten und auf Abfallplätzen. Der Großstrauch aus der Familie der Geißblattgewächse gehört zu den in Mitteleuropa häufigsten Straucharten, auch in Westsibirien, Kleinasien und sogar in Nordafrika kommt er vor. Entsprechend seiner allgemeinen Verbreitung sind auch zahlreiche Volksnamen bekannt, z. B. die niederdeutschen Formen Alhorn oder Elder oder die süddeutsche Kurzform Holder. Lange Zeit wurde der Holunder auch „Flieder" genannt, erst später ging dieser Name auf den heutigen Zierstrauch über, der im 18. Jahrhundert nach Deutschland kam.

Im Juni, zur Zeit der Sommersonnwende, steht der Strauch in schönster Blüte und verströmt einen angenehmen Duft. Die bis zu 30 Zentimeter großen flachen Dolden bestehen aus weißen oder leicht gelblichen Einzelblüten, die in der Regel fünf Blütenblätter besitzen. Weit verbreitet war früher der Brauch, am Johannistag Holunderküchle zu backen,

6.
4.
5.
3.
7.
2.
1.

☞ Zur Reifezeit sind die kugeligen Steinfrüchte des Holunders violett bis schwarz gefärbt.

deren Genuss ein Jahr lang vor Krankheiten schützen sollte. Die Blütendolden werden dazu in Pfannkuchenteig getaucht und in Schmalz ausgebacken.
Im August oder September reifen die anfangs roten, später schwarzen Beeren heran. Diese sind aus botanischer Sicht eigentlich keine Beeren, sondern kleine Steinfrüchte mit jeweils drei Samen und burgunderrotem Saft, welcher stark färbend ist und aus Textilien kaum auswaschbar ist.
Kerne, Stiele und unreife Beeren enthalten Sambunigrin, ein Glykosid, von welchem sich Blausäure abspalten kann. Beim Kochen oder Vergären wird der Stoff allerdings abgebaut. Deshalb sollten Holunderbeeren nicht roh verzehrt werden, sondern nur in Form von Saft, Gelee, Marmelade und Kompott oder auch als Likör und Fruchtwein auf den Tisch kommen. In dieser veredelten Form sind die Holunderbeeren nicht nur eine vielfältige Bereicherung des täglichen Speiseplans, sondern auch hervorragende Vitamin- und Mineralstofflieferanten.

HOLUNDERBEEREN GEGEN INFEKTE

Inhaltsstoffe (auf 100 g Früchte):

WASSER	80 PROZENT
EIWEISS	2,5 PROZENT
KOHLENHYDRATE	9,1 PROZENT
ROHFASER	6,8 PROZENT
FRUCHTSÄURE	0,9 PROZENT
VITAMIN C	18 MG
PHOSPHOR	57 MG
KALZIUM	35 MG
KALIUM	305 MG
VITAMIN A, B1, B2, B3, B6	

Dass die Blüten des Holunders ein wirksames Mittel bei Erkältungen und Fieber sind, ist in der Volksmedizin schon lange bekannt. Eine Studie der Universität Jerusalem hat nun auch die Wirkung der Holunderbeeren bei grippalen Infekten bestätigt.
Eiweißstoffe aus den Früchten fangen die Krankheitserreger ab, bevor diese die Zellen des Körpers angreifen können. Die Vitamine A und C unterstützen zudem die Bildung von Immunzellen. Deshalb sollte man gleich bei den ersten Anzeichen einer Erkältung Holundersaft zu sich nehmen.
Durch den hohen Gehalt an Vitamin B1 und B6 wirken die Früchte heilend bei verschiedenen Nervenschmerzen wie zum Beispiel Migräne. Sehr hoch ist auch der Gehalt an Kalium, welches für die Regulierung des Wasserhaushalts und die Muskel-Nerven-Reizleitung wichtig ist. Der intensive Farbstoff der Holunderbeeren, das Sambucyanin, gehört zur Gruppe der Flavonoide, welche für unsere Gesundheit ebenfalls von großem Wert sind, denn sie schützen den Körper vor Herz-Kreislauf-Erkrankungen und wirken sogar krebshemmend.

Der Holunder in der Volksmedizin

Die Heilkraft des Holunders war bereits in der griechischen und römischen Antike bekannt und hochgeschätzt. Schon Hippokrates verwendete Holunderblätter als Wundverband und Dioskurides beschrieb u.a. die harntreibende Wirkung des Holunders. Die medizinischen und botanischen Schriften des Mittelalters behandeln den Holunder ausführlich, und auch im deutschen Volksglauben genoss der Baum ganz besonderes Ansehen.
Albertus Magnus schrieb am Schluss seines Kapitels über den Holunder, dass er nicht alle Eigenschaften des Strauches besprochen habe, da sie ja ohnehin allgemein bekannt seien. Alle Teile der Pflanze wurden medizinisch genutzt, er war die „lebendige Hausapotheke des deutschen Einödbauern". Weit verbreitet war der Glaube, dass die Rinde von unten nach oben geschabt als Brechmittel wirke, von oben nach unten geschabt aber als Abführmittel. Interessanterweise zeigt die Holunderrinde tatsächlich abführende und Brechreiz erregende Wirkung. Der Saft der Blätter

diente als Brandsalbe, und die Blätter wurden auf Schnittwunden gelegt, damit sie nicht eitern.
Die schweißtreibende Wirkung der Blüten war ebenfalls schon lange bekannt und wurde bei allen möglichen Krankheiten angewendet. Noch heute ist Holunderblütentee ein beliebtes Hausmittel bei Erkältungskrankheiten. Die in den Blüten enthaltene Salicylsäure wirkt schweißtreibend, fiebersenkend und entzündungshemmend.

Mythologie und Volksglaube

Als Baum, der schon seit Urzeiten bei den Menschen wuchs und diesen auch noch in allen seinen Teilen Heilmittel lieferte, war er der Sitz eines guten Hausgeistes, dem der Mensch zu Dank verpflichtet war. Deshalb wurde der Holunder als grüner Hüter von Haus und Hof verehrt – er war der Haus- und Lebensbaum schlechthin. Man ging davon aus, dass die Zerstörung dieses heiligen Baumes großes Unglück, ja sogar den Tod brachte. Daran liegt es wohl auch, dass man sich in vielen Gegenden scheut, das Holunderholz zu verbrennen. Der Holunder ist im Volksglauben auch der Baum, auf den Krankheiten übertragen werden können. Das Fieber zu vertreiben, band man in Zechlin (Ost-Prignitz) in der Nacht bei abnehmendem Mond einen Bindfaden um einen Fliederbaum, der auf der Grenze stand, und sprach:

Guten Morgen, Herr Flieder,
Ich bring dir mein Fieber,
Ich binde dich an,
Nun gehe ich in Gottes Namen davon!

☞ Der Holunder hieß früher auch Holler.

☞ Holunderbeeren und Blüten.

II
III
2
7
8
4
3
b b
a a
6
d c d
5
9
12
10

Der Lorbeerbaum

Vom Lorbeerbaum (Laurus nobilis) sind bei uns in erster Linie die Blätter mit ihrer Würzkraft bekannt. Der echte Lorbeer stammt aus Kleinasien und ist heute im ganzen Mittelmeergebiet verbreitet. Er ist eine typische Pflanze der immergrünen Hartlaubregion und gedeiht in Küstennähe und in warm-feuchten, wintermilden, sommerwarmen Klimalagen. In Mitteleuropa ist der Baum nicht winterhart, wird aber seit Jahrhunderten als Kübelpflanze gehalten. Bereits um 600 n. Chr. war er auf deutschem Gebiet unter dem Namen *Lorboum* bekannt.
Er wird bis zu 15 m hoch, wächst allerdings sehr langsam. Die immergrünen, lederartigen Blätter sind kurzgestielt, lanzettenartig, 5–10 cm lang und am Rand schwach gewellt. Ab Mai erscheinen die weißlich-cremefarbenen Blüten in wechselständigen büscheligen Dolden. Von August bis Oktober reifen dann die Früchte, bis zu 2 cm lange, eiförmige, schwarze Beeren.

Lorbeer als Heilpflanze

Der Lorbeerbaum hat eine lange Tradition als Heilpflanze. Schon in der griechischen Mythologie galt er als Symbol der Reinigung. Dioskurides beschreibt in seiner „Arzneimittellehre“ ein breites Wirkungsspektrum. Das Öl aus den Beeren habe eine erwärmende, erweichende, anregende, die Erschlaffung aufhebende Kraft und sei ein gutes Mittel bei Neuralgien, Ohrenleiden und katarrhischen Zuständen. Eine Abkochung der Blüten empfiehlt er bei Gebärmutter- und Blasenleiden. Zerriebene und aufgelegte Blätter sollen Wespen- und Bienenstiche heilen.
Auch in späteren Jahrhunderten wurde er in vielfältiger Weise in der Pflanzenheilkunde angewandt. Hildegard von Bingen sah im Lorbeer ein Allheilmittel. Noch vor wenigen Jahrhunderten wurden die Blätter, Beeren und das Holz gegen 30 bis 40 verschiedene Krankheiten eingesetzt, während er heute vorwiegend als Gewürz bekannt ist.

Die Früchte und ihre Inhaltsstoffe

Die Früchte des Lorbeerbaumes enthalten ungefähr ein Prozent ätherisches Öl, dessen Hauptinhaltsstoffe Terpene sind. Des weiteren enthalten die Beeren dreißig Prozent fettes Öl: Triglyceride aus Laurinsäure, Myristicinsäure und Ölsäure. Werden die Früchte gepresst und ausgekocht, erhält man Lorbeeröl, *Oleum Lauri*, welches durch Chlorophyll grün gefärbt ist und eine salbenartige Konsistenz hat. Es wird in erster Linie für medizinische Zwecke genutzt, zum Einreiben bei Prellungen, Verstauchungen und Rheumatismus. Es zeigt antiseptische und schmerzstillende Wirkung. Auch in der Kosmetikindustrie wird es verwendet. Früher wurde das Öl auch als Mittel gegen Parasiten wie Läuse und Kratzmilben angewendet. Beim Milchvieh wird es als Einreibung gegen Eutererkrankungen verordnet.

Lorbeer in der Küche

Die Blätter des Lorbeers enthalten 1,3 Prozent ätherische Öle (darin 45 Prozent Cineol) sowie Tanine und Harze, auf denen ihre aromatische Wirkung beruht. Wie bei vielen Gewürzen liegt der Grund für ihre Verwendung nicht nur in ihrer Würzkraft, sondern auch in ihrer Wirkung: Lorbeerblätter wirken anregend auf die Verdauungsenzyme und sind deshalb appetitanregend und verdauungsfördernd. Sie passen gut zu Fleisch-, Fisch- und Wildgerichten, Soßen und Marinaden sowie eingelegten Essigfrüchten. Allerdings sollte das Gewürz sparsam angewendet werden, oft genügt ein halbes Blatt. Die Früchte sind in der Küche weniger bekannt. Sie sind Bestandteil mancher Fertigwürzmischungen und passen aufgrund ihres kräftigen Geschmacks gut in würzige Soßen und zu Kartoffelgerichten.

☞ Aus den weißlich-cremefarbenen Blüten reifen von August bis Oktober die eiförmigen, schwarzen Lorbeeren heran.

NÄCHSTE DOPPELSEITE
☞ Die immergrünen, lederartigen Blätter des Lorbeerbaums sind ein beliebtes Würzmittel für Speisen.

☞ Die Früchte des Lorbeerbaums verwendete man früher gegen Läuse und gegen die Pest.

Lorberbaum. Laurus.

Wilder Lorb

Laurus Alexandrina seu
orneile, Zapfen Krauf. b.
a Mas. c. Laurus media
d. Laurus

Vvularia, Herbe de
Laurus Alexandri =
baccifera, Laurier,
major latifolia.

Lorbeerbaum.

H.

II

☞ Der Schwarze Maulbeerbaum trägt herzförmige Blätter und brombeerähnliche, schwarzrote Früchte.

☞ Das Pflücken der Maulbeeren kann gefährlich sein ...

Geschichte und Mythos

Nach einem griechischen Mythos verliebte sich Apollo in die Nymphe Daphne. Diese floh vor ihm; als sie jedoch keinen Ausweg mehr sah, verwandelte sie sich in einen Lorbeerstrauch. Apollo trug dann als Zeichen seiner unerwiderten Liebe einen Lorbeerzweig. Der altgriechische Name Daphne für den Lorbeer erinnert an diese Sage. Lorbeerblätter wurden in der klassischen Periode Griechenlands für heilig gehalten und waren dem Gott Apollo geweiht.
Römer hatten große Ehrfurcht vor dem Lorbeer. Beim Einzug eines erfolgreichen Feldherren in die Stadt Rom wurde dieser mit Lorbeer gekränzt. Beim Übergang zum Kaiserreich trugen auch die römischen Kaiser einen Lorbeerkranz. Bis heute gilt er als Symbol des Ruhms und des Sieges und wird als besondere Auszeichnung bei hervorragenden Leistungen vergeben. Auch der akademische Grad Bakkalaureus (lat.) oder Bachelor (engl.) ist von lat. „Bacca lauri" = Lorbeere abgeleitet. Der Lorbeer war zugleich Sinnbild für die Fortdauer des Lebens nach dem Tode.
Im Mittelalter gab es in Deutschland den volkstümlichen Brauch, bei Beerdigungen dem Pfarrer und den Leichenträgern Lorbeersträußchen in die Hand zu geben, die dann ins Grab geworfen wurden.

Die Maulbeere

Maulbeeren gibt es in zwölf verschiedenen Arten in den gemäßigten und subtropischen Regionen der nördlichen Halbkugel mit Ausnahme von Europa. Bei uns sind vorwiegend zwei Arten aus Asien bekannt, die Schwarze Maulbeere (Morus nigra) und die Weiße Maulbeere (Morus alba). Beide Arten sind schon seit Jahrtausenden kultiviert und wurden durch die Römer in die wärmeren Regionen Europas, also in Gegenden mit Weinbau, gebracht. Die Schwarze Maulbeere stammt aus dem Kaukasus und wurde in Griechenland bereits ca. 500 v. Chr. angebaut. In unserem Gebiet ist sie ebenfalls schon lange bekannt, sie wird bereits im „Capitulare des villis" Karls des Großen (812) zum Anbau empfohlen. Auch im Entwurf für den St. Gallener Klostergarten aus dem Jahr 820 ist sie unter den anzupflanzenden Obstbäumen aufgeführt. Die etwas frosthärtere Weiße Maulbeere wurde im 18. Jahrhundert häufig in Europa angepflanzt, allerdings nicht wegen der Beeren, sondern weil man die Blätter zur Fütterung der Raupen in der Seidenraupenzucht benötigte. In Preußen entstanden in dieser Zeit viele Maulbeeralleen. Anfang des 20. Jahrhunderts machten billige Seidenimporte aus Südostasien die europäische Seidenraupenzucht und damit auch die Bäume überflüssig.
Die Früchte der Weißen Maulbeere sind zwar essbar, schmecken aber eher fad. Allerdings lässt sich anhand

a
b

☞ Die Blätter des Weißen Maulbeerbaums dienen den Raupen des Maulbeerspinners als Nahrung. Aus ihrem Kokon wird Seide gewonnen.

der Fruchtfarbe die Art nicht bestimmen, denn es gibt bei der Weißen Maulbeere auch Typen mit gelblichen, rötlichen oder purpurfarbenen Beeren. Die Schwarze Maulbeere wird bis zu 15 m hoch und bildet eine schöne, breitgewölbte Krone. Von Krankheiten und Schädlingen wird sie kaum heimgesucht und ist außerdem sehr pflegeleicht. Sie trägt herzförmige, unregelmäßig gekerbte, mitunter auch dreilappige Blätter, die rau behaart sind, oberseits glänzend dunkelgrün, auf der Unterseite heller blaugrün.

Die Blüten sind getrenntgeschlechtig, d.h., es gibt männliche und weibliche Blüten. Beide erscheinen als hängende achselständige Kätzchen, die männlichen 2,5 cm lang, die weiblichen etwas kürzer. Von Anfang Juli bis Ende August reifen die brombeerartigen Früchte heran. Zahlreiche kleine Nüsschen, die von einer fleischig gewordenen Blütenhülle umgeben sind, bilden zusammen einen bis zu 2,5 cm langen Sammelfruchtstand. Sie sind zunächst orange bis scharlachrot und werden erst bei Vollreife schwarzrot. Der Geschmack ist angenehm würzig, süß-säuerlich. Da sich die Reifezeit über viele Wochen hinzieht, sind die Maulbeeren ideal für den Genuss frisch vom Baum. Sie eignen sich aber auch sehr gut zur Bereitung von Marmelade, Saft, Wein, Likör oder Essig und als Gefriergut.

SCHUTZ DER BLUTGEFÄSSE DURCH MAULBEERSAFT

Inhaltsstoffe (auf 100 g Beeren der Schwarzen Maulbeere):

WASSER	85 G
ZUCKER	9,2 G
EIWEISS	0,5 G
FETT	0,4 G
SÄURE	1,8 G
ROHFASER	1,3 G
PEKTINE	2 G
MINERALSTOFFE	0,6 G
VITAMIN C, B1, B2, B5	
KALZIUM	16 MG
PHOSPHOR	13 MG
EISEN	0,6 MG

Der besondere gesundheitliche Wert der Beeren liegt in ihrer enormen Färbekraft. Diese dunkelfärbenden Inhaltsstoffe schützen die Blutgefäße vor Ablagerungen und vermindern somit das Risiko von Schlaganfällen. Da sie in der Lage sind, freie Radikale unschädlich zu machen, wirken sie auch als Zellschutz und vermindern die Tumorgefahr.

Maulbeeren in der Pflanzenheilkunde

Schon in der Antike wurde der Maulbeerbaum für Heilzwecke genutzt. Der griechische Arzt Dioskurides beschrieb in seiner „Arzneimittellehre“ eine Methode zur Gewinnung eines Mittels gegen Zahnschmerzen und Geschwüre: *Es wird aber der Saft aus der Wurzel gezogen so um die Zeit der Weizenernte, in dem sie von einem Graben umgeben wird und angeschnitten wird. Am folgenden Tag findet sich eine steife Masse vor, welche gegen Zahnschmerzen wirksam ist, Geschwüre öffnet und den Bauch reinigt.*

Dasselbe Wirkungsspektrum beschreibt auch Leonhard Fuchs in seinem Kräuterbuch. Der „gesottene“ Saft der unreifen Beeren wirke zusammenziehend und sei nützlich bei geschwollenen Mandeln und anderen Erkrankungen der Mundhöhle. Die unreifen Maulbeeren, getrocknet und zerstoßen, stillen den Durchfall. Blätter und Rinde gesotten und das Wasser im Mund gehalten, lindern das Zahnweh.

Noch heute werden Sirup, Saft und Tee der Schwarzen Maulbeere in der Pflanzenheilkunde bei Entzündungen der Mundschleimhaut und des Halses empfohlen. Saft und Kompott der reifen Früchte wirken kühlend bei Fieber.

1
8
7

Die Vogelbeere

Welch verlockenden Anblick bietet die Eberesche (Sorbus aucuparia), im Volksmund Vogelbeerbaum genannt, wenn im Herbst ihre scharlachroten Früchte weithin leuchten und einen zusätzlichen Farbtupfer in die Landschaft bringen. Der bis zu 15 Meter hohe, widerstandsfähige Baum gehört wie unsere Obstbäume zur großen Familie der Rosengewächse. Als eurosibirische Baumart ist er in ganz Europa zu finden, hat seinen Verbreitungsschwerpunkt allerdings im kalten Norden.

Vogelbeerbaum heißt die Eberesche auf Grund der Beliebtheit ihrer Früchte bei Drosseln und Staren. Sie wurden früher häufig als Lockmittel beim Singvogelfang eingesetzt, was sich auch aus ihrem wissenschaftlichen Artnamen *aucuparia* (lateinisch *aves* = Vögel, *capere* = fangen) schließen lässt. Der Name Eberesche bedeutet „falsche Esche", denn „eber" kommt von „aber" im Sinne von „falsch". Die unpaarig gefiederten Blätter ähneln denen der Esche, doch gehört diese zu einer anderen Pflanzenfamilie.

Bereits im Frühjahr ist der Baum ein Blickfang, wenn von Mai bis Juni die Blüten in cremeweißen Trugdolden erscheinen. Allerdings verströmen sie einen unangenehmen Geruch. Im Oktober reifen die bis zu einem Zentimeter großen scharlachroten „Vogelbeeren", welche im botanischen Sinn keine Beeren, sondern kleine Miniaturäpfelchen, so genannte Sammelbalgfrüchte, sind. Sie wurden lange Zeit in der Bevölkerung als giftig angesehen; wenn man große Mengen roh ist, reagiert der Körper mit Übelkeit und Durchfall. Dies liegt an der Parasorbinsäure, welche die Schleimhäute des Magen-Darm-Traktes reizt. Beim Erhitzen wird sie zu Sorbinsäure abgebaut und wirkt dann als natürlicher Konservierungsstoff, denn sie zerstört Hefen, Schimmelpilze und Bakterien. Die Früchte sind zwar lange haltbar, sollten aber dennoch möglichst rasch verarbeitet werden, denn sie verlieren schnell an Vitamin C, Zucker und Säure.

☞ Die scharlachroten Früchte der Vogelbeere bieten im Herbst einen verlockenden Anblick.

Vogelbeeren eignen sich gut zur Herstellung herbfruchtiger Marmeladen, Säfte und Gelees oder auch Liköre. Als Zusatz zu Most oder Apfelwein sorgen sie für eine bessere Klärung und Haltbarkeit des Getränks. In Österreich und im Elsass wird aus den Vogelbeeren ein edler Branntwein hergestellt, das Adlitzbeer-Wasser, auch Alisier-Brand.

Wer sich an dem etwas bitteren Geschmack der Früchte stört, kann sich auch eine veredelte Eberesche in den Garten pflanzen. Die süßfruchtige Mährische Eberesche (Sorbus aucuparia var. edulis) ist durch eine Laune der Natur ohne Zutun des Menschen entstanden. Sie wurde 1810 im Altvatergebirge in Mähren gefunden und ist seither im Handel. Die Sorten „Konzentra" und „Rosina" liefern besonders große Früchte, die weitgehend frei von Bitterstoffen sind und noch wesentlich mehr Vitamin C enthalten als die der gewöhnlichen Eberesche.

FRUCHTIGE VITAMIN- UND MINERALSTOFFLIEFERANTEN

Inhaltsstoffe (auf 100 g Früchte):

WASSER	73 PROZENT
FETT	2 PROZENT
EIWEISS	1,4 PROZENT
KOHLENHYDRATE	18 PROZENT
SÄURE	2,3 PROZENT
BALLASTSTOFFE	3,2 PROZENT
VITAMIN C	90 MG
KALIUM	240 MG
KALZIUM	45 MG
MANGAN	1,6 MG

Vogelbeeren enthalten sehr viel Vitamin C und Mineralstoffe und sind deshalb eine gesunde Bereicherung unseres Speiseplans. Auffallend hoch ist der Gehalt an Kalium, welches den Wasserhaushalt im Körper sowie die Nerven-Muskel-Reizleitung reguliert. Das ebenfalls reichlich vorhandene Spurenelement Mangan sorgt für einen reibungslosen Ablauf in den Ener-

giezentren unserer Körperzellen, den sogenannten Mitochondrien.
In der Pflanzenheilkunde werden die Früchte in gekochter Form schon seit langem bei Durchfall und Darmentzündung verwendet, denn durch die reichlich enthaltenen Pektine und Tannine wirken sie astringierend und entzündungshemmend. Aufgrund ihrer entwässernden und reinigenden Wirkung sind die Vogelbeeren auch ein bewährtes Mittel bei Rheuma und Harnsäureleiden. Besonders wertvoll für die menschliche Gesundheit sind die Farbstoffe in den Beeren, die Flavonoide, die wirksame Bakterien- und Virenkiller sind, die Gefäße schützen und Krebs vorbeugen.

Mythologie und Volksglaube

In der nordeuropäischen Mythologie spielt die Eberesche eine bedeutende Rolle, was sicherlich auch mit der Verbreitung des kälteresistenten Baums zusammenhängt. Sie war der Schutzbaum schlechthin, dem Zauber abwehrende Kräfte nachgesagt wurden. Die keltischen Druiden stellten ihren Zauberstab aus Ebereschenholz her, und die Opfer- und Gerichtsplätze umpflanzten sie mit Ebereschen, weil sie glaubten, die Kraft der Bäume könne Fluch und Unglück fernhalten. Die Vorstellung, dass das Holz der Eberesche vor Hexen und Zauberei schützt, steckt noch in vielen Bräuchen. In England wurden die Zweige in die Ställe gehängt und man trug kleine Stücke als Amulett in der Tasche.
Bei den Nordgermanen war die Eberesche dem Gewittergott Thor heilig. Der Sage nach soll sich Thor aus einem reißenden Fluss gerettet haben, indem er ein Ebereschenbäumchen zu fassen bekam. Aus diesem Grunde sah man in dem Baum den Beschützer bei Gewittern. In Böhmen wurden die Vogelbeeren in Kränzen vor die Tür gehängt, um die Häuser vor Blitzeinschlag zu schützen. Naturwissenschaftler haben festgestellt, dass die Eberesche zu den Bäumen gehört, die am seltensten vom Blitz getroffen werden.

VOGELBEER-BIRNEN-GELEE

1 KG VOGELBEEREN, 1 KG REIFE BIRNEN,
4 EL ZITRONENSAFT, 1 VANILLESCHOTE,
1 KG GELIERZUCKER 1:1

Die Vogelbeeren waschen, abzupfen und eine Nacht einfrieren; die Birnen in Stücke schneiden; alles zusammen im Dampfentsafter entsaften und abkühlen lassen; 1 l Saft abmessen, mit dem Gelierzucker vermischen, den Zitronensaft und das ausgeschabte Mark der Vanilleschote zugeben und das Ganze zum Kochen bringen; 2 bis 4 Minuten sprudelnd kochen (Gelierprobe), noch heiß in Twist-Off-Gläser füllen und sofort verschließen.

☞ Vogelbeeren im Winter.

☞ Die kreuzförmige Verwachsungsstelle auf den Beerenzapfen des Wacholders beflügelte die Volksphantasie.

2
3
5
6
8
III
1
4
7
II

☞ Der Gemeine Wacholderbaum.

Der Gemeine Wacholder

Der Wacholder (Juniperus comminis) wirkt durch seine vielgestaltige und bizarre Wuchsform landschaftsprägend. Er wächst strauchförmig oder als kleiner Baum bis zu zwölf Meter hoch und kann bis zu 600 Jahre alt werden. Sein Verbreitungsgebiet erstreckt sich von Nordamerika, Südgrönland, Europa, Nordafrika bis nach Ostasien. Damit hat er unter den Nadelbäumen die größte Ausbreitung. Allerdings ist der Wacholder gegenüber anderen Gehölzen sehr konkurrenzschwach, so dass er auf trockene, sandige, steinige oder moorige Standorte verdrängt wird – meist Flächen, die durch Weidenutzung geprägt sind. Durch seine spitzen Nadeln, die in dreizähligen Quirlen angeordnet sind, ist er vor Verbiss durch das Weidevieh geschützt.

Wacholderbeeren und ihre Verwendung

Der Wacholder ist zweihäusig, d. h., es gibt männliche Exemplare, die von April bis Juni gelbliche Blüten tragen, und weibliche, welche die „Beeren" entwickeln. Genaugenommen sind es keine Beeren, sondern Beerenzapfen. Nach der Befruchtung vereinigen sich die obersten drei Schuppenblätter, werden fleischig und wachsen zu einem kugelförmigen Beerenzapfen heran, der die Samen völlig einschließt. Im ersten Jahr sind die Beeren noch grün, erst im zweiten Jahr werden sie reif und bekommen ihre typische schwarz-braune Farbe mit bläulicher Bereifung.

Wacholderbeeren enthalten etwa 30 Prozent Zucker, 10 Prozent Harz und 0,2 bis 2 Prozent ätherisches Öl, welches sich fast nur aus verschiedenen Monoterpenen zusammensetzt. In der Küche sind sie ein beliebtes Würzmittel für Saucen, Marinaden, Sauerkraut und vor allem Wildgerichte. Berühmt sind die Spirituosen, die aus Wacholderbeeren hergestellt werden, z.B. Gin und Genever. Dazu werden die Beerenzapfen vergoren und destilliert.

EINE WACHOLDERBEER-SAUCE

Nimm vier Loth heiße Butter, röste einen Löffel voll Mehl gelb, thue einen Anrichtlöffel voll Fleischbrühe dazu, nebst der Brühe, so unter dem Braten ist, aller Sorten Gewürz, einen Löffel voll Wacholderbeeren, stoße sie fein, thue sie in die Sauce und lasse sie eine halbe Stunde kochen. Sollte sie nicht sauer genug seyn, so thue Essig oder den Saft von einer Zitrone hinzu un schütte sie dann durch ein Haarsieb.

OBERRHEINISCHES KOCHBUCH, 1811

Der Wacholder als Heilmittel

Bereits in der Antike war der Wacholder eine angesehene Heilpflanze. Der griechische Arzt Dioskurides betonte bereits die harntreibenden Eigenschaften des Wacholders, und von der als *arkeuthos* bezeichneten Art schreibt er, dass ihr Rauch wilde Tiere vertreibt. In der deutschen Volksmedizin ist auch unser heimischer Wacholder eine wichtige Räucherpflanze. Die Zweige und Beerenzapfen verströmen beim Räuchern einen angenehmen aromatischen Duft, weshalb sie schon in früheren Jahrhunderten gerne zur Raumluftdesinfektion verwendet wurden. Moderne wissenschaftliche Untersuchungen bestätigen die Tatsache, dass die ätherischen Öle des Wacholders, die Terpene, in der Lage sind, Viren, Keime und Bakterien abzutöten.

Auf Grund dieser Eigenschaften war der Wacholder ein wichtiges Vorbeugemittel gegen Pestepidemien. Der Botaniker Hieronymus Bock schreibt deshalb vom Wacholder, dass er *ein sonderlich Preservativum zur Zeit der Pestilenz in Germania* ist.

☞ Wacholderbeeren verwendet man getrocknet als Gewürz.

☞ Der immergrüne Wacholder kann bis zu 600 Jahre alt werden.

Auch nachdem die Pest aus Europa verschwunden war, blieb der Wacholder ein wichtiges Mittel zum Schutz vor „Ansteckung" mit Krankheiten, indem man die Beeren kaute und die Zimmer mit ihm ausräucherte. Noch heute wird der Wacholder in der Pflanzenheilkunde für seine harntreibenden Eigenschaften geschätzt, die vor allem bei Rheuma, Arthritis und Gicht Anwendung finden.
Die desinfizierenden Eigenschaften haben früher sicherlich auch eine Rolle gespielt bei der Verwendung des Wacholders als Würzmittel, insbesondere beim Räuchern von Fleisch und Fisch oder auch beim Konservieren von Lebensmitteln durch Einlegen in Essigmarinaden.

Mythos und Volksglaube

Eine Pflanze mit derart herausragenden Eigenschaften spielte natürlich auch im Volksglauben eine bedeutende Rolle. Schon in der Jungsteinzeit wurde der Wacholder von den Menschen genutzt. Bei den Germanen war er hoch angesehen, und wer ihn abschlug, wurde hart bestraft. Es wurden ihm antidämonische Eigenschaften zugeschrieben. Der Strauch selbst, insbesondere aber sein Rauch sollte alles Böse vertreiben. Dies hängt natürlich auch mit seiner krankheitsvertreibenden Wirkung zusammen, da Krankheiten früher mit bösen Mächten in Verbindung gebracht wurden. Die kreuzartige Verwachsungsstelle der Schuppenblätter auf den Beerenzapfen beflügelte die Volksphantasie, und es ranken sich zahlreiche Legenden darum. In Estland hieß es beispielsweise, das Kreuz komme daher, dass Christus von einem Wacholderbusch in den Himmel gefahren sei.
Es gibt zahlreich Bräuche, bei denen der Wacholder vor Hexen und bösem Zauber schützen sollte. Weit verbreitet war das Ausräuchern der Viehställe am Abend vor dem Viehaustrieb. In alltägliche Gebrauchsgegenstände wie Butterfass und Wassereimer wurde Wacholderholz eingearbeitet zum Schutz vor Hexerei. Welch hohes Ansehen der Wacholder im Volk genoss, kommt auch in verschiedenen Volksweisheiten zum Ausdruck. *Vor einem Kranawetsstrauch (= Wacholder) soll man den Hut abnehmen, vor einem Hollerboschen (= Hollunder) aber niederknien,* sagte man in der Steiermark.
Der Name Wacholder hat allerdings mit Holder (Holunder) nichts zu tun. In der althochdeutschen Form *wechalter* erscheint noch das Baumsuffix „-ter", welches auch in Affolter (Apfelbaum) steckt. Es bedeutet Baum und kommt in ähnlicher Form in vielen europäischen Sprachen vor. Der Stamm „wehhal" kommt vermutlich von wachen, und so würde Wacholder bedeuten: „der wache, immergrüne Baum".

Die Weinbeere – Genuss in Rot und Weiß

☞ Die weiße Traube aus Franken.

Rebengewächse wie die Weinrebe (Vitis vinifera) gehören zu den ältesten Laubgehölzen unserer Erde. In den unteren Kreideschichten Südwesteuropas hat man Blattabdrücke gefunden, die der Rebengattung Cissus sehr ähnlich sind. Damit wären sie ca. 100 Millionen Jahre alt. Anhand von Traubenkernfunden in tertiären Braunkohlegruben konnten verschiedene Fossilreben beschrieben werden. Stellenweise wurden derart viele Samen gefunden, dass man von einem einst massenhaften Vorkommen üppig schlingender Reben ausgehen kann.
Als jedoch vor etwa 2,6 Millionen Jahren eine Klimaänderung eintrat und mehrere Eiszeiten über Europa hereinbrachen, wurden alle Rebengewächse Mitteleuropas vernichtet. Nur eine einzige Art ist erhalten geblieben, die Wildrebe (Vitis silvestris), welche in den wärmeren Gebieten Südeuropas eine Zufluchtsstätte gefunden hatte. Erst in der nacheiszeitlichen Wärmezeit wanderte die Wildrebe über das Rhonedelta in das Rheingebiet ein. Im Grenzgebiet zwischen Europa und Asien, zwischen Schwarzem und Kaspischem Meer war diese Wildrebenart ebenfalls erhalten geblieben. Manches spricht dafür, dass mit dem in der Bibel beschriebenen Weinberg Noahs im Gebirge Ararat diese Gegend gemeint sein könnte. Hier wird auch die Wiege der Kulturrebe (Vitis vinifera) vermutet. Unsere heimische Wildrebe (Vitis silvestris), die ausschließlich in Europa und Westasien beheimatet ist, ist die einzige Wildrebenart, die näher mit der Kulturrebe verwandt ist, das heißt, alle heutigen Kulturformen stammen von ihr ab. Heute findet man sie in Deutschland nur noch in lichten Auwäldern, die sehr selten geworden sind. Die Wildrebe ist wärmeliebend und frostempfindlich und liebt frische bis feuchte Böden. Im Gegensatz zur Kulturrebe verträgt sie keine Trockenheit.
Im 16. Jahrhundert wurde sie von Hieronymus Bock erstmals beschrieben und von der „zahmen" Rebe unterschieden. Offensichtlich war sie damals noch recht häufig anzutreffen, denn er schreibt, dass sie damals *zwischen Straßburg und Speyer ganz gemein* ge-

wesen sei. Die Wildrebe ist von Natur aus variabel, so dass es in der Vergangenheit eine Vielzahl an Formen gab. 1837 wurden von dem Weinbaupraktiker Johann Philipp Bronner 36 verschiedene Sorten der rheinischen Wildrebe beschrieben. In den Auwäldern des Rheins wuchsen riesige alte Reben mit armdicken Stämmen, die bis zu zwanzig Meter hoch in die Kronen von Pappeln, Ulmen und Eichen kletterten.
Als Ursprungsgebiet der Kulturrebe wird das Gebiet zwischen Schwarzmeerküste im Norden und Damaskus im Süden vermutet. Die ältesten Belege für die Existenz von Wein sind mit Traubenreliefs geschmückte Tonkrugfragmente, die Forscher in Georgien fanden. Sie stammen aus der Zeit um 6000 v. Chr. Die sehr alte Bezeichnung *gwino* aus der georgischen Sprache ist vermutlich auch die Quelle für das griechische *oinos* und das römische *vinum*, welches wiederum Stammform war für die Benennung des Weins in den mittel- und nordeuropäischen Sprachen.
Von dort gelangte die Kulturrebe in Richtung Süden und Osten. Alle Hochkulturen des Altertums kannten sowohl die Rebe als auch den Wein. Bereits vor 5000 Jahren betrieben die Sumerer in Vorderasien, im Gebiet des heutigen Irak, Weinbau. Von dort hat sich die Weinbaukultur und damit auch die Kulturrebe über den gesamten mittleren Osten und durch die Griechen und Römer auch im gesamten Mittelmeerraum ausgebreitet. Durch die Römer kamen die ersten Rebsorten nach Mitteleuropa. Als sie entlang des Rheins ihre Militärstationen anlegten und Märkte gründeten, brachten sie auch ihre Obstsorten mit, die ihnen zur gewohnten Lebensführung unentbehrlich waren.
Der älteste Nachweis der Kulturrebe, ein Stück Rebholz, stammt aus einer römischen Hafenanlage bei Xanten von ca. 40–65 n. Chr. Die Kultursorten der Römer – „Elbling“ und „Gänsefüßler“ – findet man in Weinbaugebieten noch gelegentlich an Hausmauern. Für den Erwerbsanbau konnten sie jedoch in unserem Klima auf Dauer nicht befriedigen. So hat man sich auf die heimischen Formen der Wildrebe besonnen und die wertvollsten ausgelesen. Auf diese Weise entstanden vor über 500 Jahren die Sorten „Riesling“ und der „Traminer“. An der Donau in Österreich wurden aus den dortigen Formen der Wildrebe der „Blaufränkische“ und der „Silvaner“ gezüchtet. Der „Gutedel“ stammt dagegen von einer westasiatischen Form ab und wird in Ägypten bereits seit Jahrtausenden angebaut. So sind aus der Wildrebe an verschiedenen Orten Kultursorten ausgelesen und entwickelt worden.

RUNDUM FIT MIT WEINTRAUBEN

Inhaltsstoffe (auf 100 g Beeren):

WASSER	81 PROZENT
KOHLENHYDRATE	16 PROZENT
EIWEISS	0,6 PROZENT
FETT	0,3 PROZENT
SÄURE	1,2 PROZENT
BALLASTSTOFFE	1 PROZENT
VITAMIN C	4 MG
VITAMIN B1, B2, B3, B5, B6, E	
KALIUM	200 MG
PHOSPHAT	20 MG
KALZIUM	15 MG
MAGNESIUM	10 MG

Weintrauben enthalten ausgewogene Anteile aller für die Ernährung wichtigen Stoffe. Auffallend hoch ist der Gehalt an B-Vitaminen, welche die Nerven stärken. Für die Blutbildung ist die reichlich enthaltene Folsäure sehr wichtig. Der Zuckergehalt der Beeren setzt sich zur Hälfte aus Traubenzucker und Fruchtzucker zusammen. Traubenzucker hebt den Blutzuckerspiegel, liefert schnelle Energie und wirkt so Müdigkeit und mangelnder Konzentration vor. Der Fruchtzucker sorgt dafür, dass die Leistungskurve nicht gleich wieder gravierend absinkt, denn er hält den Blutzuckerspiegel konstant. Bemerkenswert ist auch der Reichtum an Mineralstoffen, besonders Kalium, das den Wasserhaushalt reguliert. Weintrauben wirken sich auch positiv auf die Darmtätigkeit aus,

☞ Weintrauben sind auf Grund ihrer vielfältigen und wohldosierten Inhaltsstoffe ideale Fitnessfrüchte.

denn Schalen und Kerne enthalten reichlich Ballaststoffe, unter anderem Pektine, die Giftstoffe und Cholesterin binden. Das Geheimnis ihrer heilkräftigen Wirkung liegt in den sekundären Pflanzenstoffen. Besonders wertvoll sind die Farbstoffe in den Beeren: Verbindungen aus der Gruppe der Flavonide wie Querzetin, Katechin und Kampferol, bei dunklen Sorten auch noch Anthocyane. Diese Stoffe wirken als hochaktive Antioxidantien, die schädliche freie Radikale in den Körperzellen binden. Dadurch schützen sie vor Tumoren und zögern den Alterungsprozess hinaus. Da sie auch den Cholesterinspiegel regulieren, schützen sie die Gefäße und beugen Thromboseneigung vor.
Bei neueren Studien wurde ein weiterer bioaktiver Stoff in den Weintrauben entdeckt, das Resveratrol, ein Stoff, mit dem sich Pflanzen vor Schädlingen schützen. Diese Substanz wirkt im menschlichen Organismus gegen Krebs und laut einer italienischen Studie auch gegen degenerative Hirnerkrankungen wie Alzheimer und Parkinson. Da dieser Wirkstoff hauptsächlich in der Beerenhaut steckt, ist er in Rotweinen, die eine Zeitlang mit der Schale vergoren wurden, reichlicher vorhanden als in Weißweinen.

Die Geschichte des Weinbaus

Die Geschichte der Weinrebe ist eng mit der Weinkultur verknüpft. Sogar ihr Name leitet sich davon her – Vitis vinifera heißt „die zur Weinerzeugung geeignete Rebe". Wie der Wein entsteht, dürften die Menschen durch Zufall herausgefunden haben, denn Traubensaft beginnt in der Wärme spontan zu gären, wobei der reichlich enthaltene Zucker in Alkohol umgewandelt wird. Nachweisen lässt sich die Weinerzeugung seit der Zeit der frühen Hochkulturen im Nahen Osten. Keilschrifttexte aus dem alten Mesopotamien belegen die Weinkultur im Zweistromland zwischen Euphrat und Tigris bereits um 3000 v. Chr. Zentren der Weinherstellung im antiken Griechenland waren die Städte Mykene und Sparta. Seit etwa 1600 v. Chr. wird die Weinrebe dort kultiviert. In den Schriften der Dichter und Philosophen dieser Zeit wird der Weinbau in vielfältiger Weise erwähnt und beschrieben. Die Methoden des Anbaus waren allerdings anders als heute. So ließ man Weinreben gerne an Bäumen hoch wachsen statt an Pflöcken, besonders an Ulmen. Zwischen den Bäumen wurde dann noch Korn oder Gemüse angebaut.
Der Genuss von Wein beschränkte sich bei den Griechen vorwiegend auf Feste und Siegesfeiern, während er im alten Rom schon eher als Grundnahrungsmittel galt. Man trank ihn, um den Durst zu stillen, in der Regel jedoch nicht pur, sondern mit Wasser vermischt. Die Weine der damaligen Zeit waren wesentlich gehaltvoller und schwerer als unsere heutigen. Oft wurden zur Aromatisierung noch Kräuter oder Rosen- und Veilchenblüten zugegeben. Aufbewahrt wurde der Wein in Tonkrügen, die mit Gips oder Pech verschlossen und in kalten dunklen Kellern gelagert wurden. Die Weinkultur war in der Römerzeit bereits hoch entwickelt. Es wurde der Wein nach Anbaugebieten, Rebsorten und Methoden der Herstellung unterschieden, und es gab auch schon florierenden Weinhandel mit den benachbarten Ländern und den römischen Provinzen.

☞ Der Rote Affenthaler.

Die Römer brachten nicht nur die ersten Kulturreben nach Mitteleuropa, sondern auch ihre Methoden des Anbaus und der Weinherstellung. Erkennbar ist dies heute noch daran, dass nicht nur der Name Wein, sondern auch alle Begriffe, die mit der Herstellung zusammenhängen, von den Römern übernommen sind. Nach dem Rückzug der Römer und den Wirren der Völkerwanderung wurde der Weinbau auf deutschem Gebiet durch Karl den Großen (768–814) wieder vorangetrieben. In seinem „Capitulare de villis" regte er nicht nur den Weinbau in bestimmten Regionen an, sondern verfügte auch, dass jeder Winzer seinen Wein verkaufen durfte.

b
a

Im Mittelalter waren es insbesondere die Mönche in den Klöstern, die den Weinbau pflegten und das Wissen vertieften. Nahezu alle Abteien hatten ihre eigenen Rebflächen. Wichtige Impulse kamen ausgerechnet von dem asketischen Orden der Zisterzienser. Wein und die Weinrebe haben im Neuen Testament einen hohen Stellenwert; viele Gläubige sehen im Wein das Blut Christi. Schon auf Grund ihres Bedarfs an Messwein musste den Klöstern an der Verbesserung der Weinkultur gelegen sein. Ausgehend von den Abteien Cluny und Citeaux entwickelte sich das heute noch berühmte Weinbaugebiet Burgund. Im 16. Jahrhundert hatte die europäische Rebfläche ihre größte Ausdehnung erreicht. Die damalige Weinanbaufläche war rund viermal so groß wie die heutige. Infolge von Klimaverschlechterungen ging der Weinbau danach merklich zurück und konzentrierte sich schließlich auf wenige Kerngebiete, die in etwa auch noch den heutigen Anbauregionen entsprechen.

☞ Aus Trauben gewinnt man auch Rosinen.

Großen Schaden hat der Weinbau genommen, als im 19. Jahrhundert die Reblaus aus Amerika nach Europa eingeschleppt wurde. Diese kam um 1860 mit bewurzelten amerikanischen Reben nach Frankreich und verbreitete sich rasch in Europa. Das kleine Insekt bohrt die Wurzeln der Reben an und entzieht der Pflanze die Nährstoffe.

Ganze Weinbaugebiete waren in ihrer Existenz bedroht, und die einzige Lösung, die Abhilfe schaffen konnte, lag darin, dass man die wurzelechten europäischen Sorten auf amerikanische Rebstöcke aufpfropfte, die widerstandsfähig gegen die Reblaus waren. Beim Wiederaufbau der zerstörten Weinberge wurde darauf geachtet, dass pro Areal nur eine Sorte gepflanzt wurde, während zuvor oft eine Vielzahl von Sorten in einem Weinberg zu finden war. Dies brachte dem Ausbau sortenreiner, qualitativ hochwertiger Weine großen Aufschwung. Allerdings sind dabei zahlreiche alte Sorten und regionale Besonderheiten verloren gegangen.

WEISSER GUTEDEL (KRACHGUTEDEL)

Der Weiße Gutedel ist eine sehr ertragreiche Rebsorte, die leichte, angenehm zu trinkende Weine – mitunter feinwürzige Tischweine – hervorbringt. Diese sind wegen ihres geringen Alkoholgehalts sehr bekömmlich und im Markgräflerland, dem deutschen Hauptanbaugebiet dieser Sorte, als Schoppenweine beliebt. Früher wurde die Sorte fast überall angebaut. Die Frucht ist auch als Tafeltraube sehr wohlschmeckend und wird von Hobbywinzern und Kleingärtnern noch vielfach angebaut. Der Rebstock des Weißen Gutedels ist starkwüchsig und unempfindlich. Er trägt mittelgroße, ziemlich tiefeingeschnittene fünflappige Blätter. An den langen Trauben sitzen große, kugelige, durchsichtige gelbgrüne Beeren, die an der Sonnenseite braun gefleckt sind.

Botanisches

Die Weinrebe ist eine kletternde Liane, die sich mit Hilfe von Sprossranken festhält. Sie wird bis zu fünf Meter hoch und entwickelt einen dicken Stamm und gewundene, verholzende Äste. Den Blattachseln entwachsen Kurztriebe, die der Winzer „Geizen" nennt. Diese werden vom Winzer entfernt, ausgegeizt, da sie den gleichzeitig heranwachsenden Fruchtständen die Nährstoffe wegnehmen würden. Die unterste Niederblattknospe muss man dabei aber stehen lassen, da sich aus ihr im Folgejahr ein neuer Langtrieb bildet.

Morphologisch gesehen entsprechen die Sprossranken umgewandelten, reduzierten Blütenständen. Die echten Blütenstände, so genannte Gescheine, entwickeln sich im Mai und Juni. Entgegen dem Sprachgebrauch sind die Blüten- und späteren Fruchtstände keine Trauben, sondern Rispen. An den Rispen sitzen zahlreiche grünliche Blüten. Diese werfen beim Öffnen die zu einer Haube verwachsenen fünf Blütenblätter ab, so dass nur noch die fünf Kelchblätter mit den fünf Staubblättern und der Fruchtknoten verbleiben. Letzterer ist aus zwei Fruchtblättern mit je zwei Samenanlagen gebildet. Zwischen den Staubblättern sitzen fünf Nektardrüsen, deren Sekret die Insekten zur Bestäubung anlockt. Nach der Befruchtung entwickeln sich 1- bis 4-samige saftige Beeren, die im Herbst reifen und dann „gelesen" werden.

WEINGELEE MIT TRAUBEN

500 G HELLE TRAUBEN, 3/4 LITER WEISSWEIN, 3 GEWÜRZNELKEN, 100 G ZUCKER, 10 BLATT WEISSE GELATINE, 50 G MANDELSTIFTE, 1/4 LITER SÜSSE SAHNE

Die Trauben mit der Rispe waschen und vom Stiel abzupfen. Den Weißwein mit den Nelken und dem Zucker erhitzen und zehn Minuten zugedeckt ziehen lassen. Die Gelatine im kalten Wasser einweichen. Die Nelken aus dem Wein nehmen, und die ausgedrückte Gelatine im heißen Wein auflösen. Die Weintrauben und die Mandelstifte in den Wein geben, einige Beeren zum Garnieren zurückbehalten. Den Wein etwas abkühlen lassen, in Dessertschalen füllen, und das Gelee erstarren lassen. Vor dem Servieren mit der geschlagenen Sahne und den restlichen Früchten verzieren. Frisch gebackene Schokowaffeln dazu reichen.

Weintrauben als Tafeltrauben

Die Beeren guter Weinsorten sind nicht unbedingt ideal für den Rohgenuss, da hier andere Qualitäten im Vordergrund stehen. Wichtig ist ein ausgewogenes Zucker-Säure-Verhältnis, viel und wohlschmeckendes Fruchtfleisch bei gleichzeitig dünner Schale. Folgende im Handel erhältliche Sorten sind für den Frischverzehr besonders geeignet: „Thompson Seedless" ist bei Kindern sehr beliebt, da die Beeren mild und süß schmecken und keine Kerne enthalten. „Italia Traube" ist eine feine Sorte, deren Früchte zarte Schalen haben und deren Fruchtfleisch angenehm süß ist und eine leichte Muskatnote hat. Von den blauen Sorten ist „Alfonso Lavallée" zu empfehlen, denn die Früchte haben eine zarte Schale und ein kräftiges Aroma. Die Beeren von „Pink Muskat" schmecken besonders süß und edel, und die Schale ist sehr weich.

Weintrauben sind auf Grund ihrer vielfältigen und wohldosierten Inhaltsstoffe die idealen Fitnessfrüchte für Jung und Alt. Für Schulkinder sind sie der ideale Pausensnack, da sie durch den Traubenzucker rasch Energie liefern. Der hohe Kaliumanteil unterstützt die Nerven-Muskel-Reizleitung, auch die des Herzens, und macht die Weintrauben für ältere Menschen besonders wertvoll. Sportlern liefern die Beeren eine ideale Mischung aus Mineralstoffen und die richtigen Zuckerarten für die Energieversorgung.

Absolut empfehlenswert sind Weintrauben für Diabetiker, denn die Hälfte des enthaltenen Zuckers in den Beeren ist Fruchtzucker, der den Blutzuckerspiegel konstant hält und damit die Bauchspeicheldrüse entlastet. Allerdings dürfen sie nicht mehr als 250 bis 300 Gramm am Tag essen, da sonst zuviel Traubenzucker aufgenommen wird, der den Blutzuckerspiegel ansteigen lässt.

☞ Der Weinstock – vitis vinifera.

Blaue Sorten sind noch etwas gesünder als die hellen, denn sie enthalten mehr Pflanzenfarbstoffe, die im Körper als bioaktive Substanzen wertvolle Dienste leisten. Hauptsächlich in den Kernen sitzen die Mineralstoffe, weshalb aus gesundheitlicher Sicht Trauben mit Kernen zu bevorzugen sind.

Auf keinen Fall dürfen Trauben in unreifem Zustand gegessen werden, da sie dann zuviel Säure enthalten und schlimme Magenschmerzen und Blähungen verursachen können. Ebenfalls ungeeignet für den Verzehr sind Beeren mit faulen Stellen. Sind an einer Rispe Beeren von Schimmel befallen, ist es ratsam, die komplette Rispe wegzuwerfen, da sich die Schimmelpilzsporen sehr rasch ausbreiten und ernsthafte Gesundheitsschäden hervorrufen können.

II
1
2
4
5
6
7
8
10
11
14

Deshalb sollte beim Kauf von Weintrauben darauf geachtet werden, dass die Früchte frisch, aber auch reif sind. Keinesfalls dürfen Weintrauben luftdicht verpackt sein, denn dies begünstigt Feuchtigkeit und Staunässe und schafft den Nährboden für Schimmel und Fäulnis. Beim Transportieren muss man vorsichtig sein, da die Beeren druckempfindlich sind. Vor dem Essen werden die Trauben noch an der Rispe unter fließendem lauwarmen Wasser gründlich gewaschen, um Staub und eventuelle Pestizidrückstände zu entfernen. Der nebelartige Film auf den Beeren ist ein natürlicher Schutzmantel, den die Pflanze entwickelt.

Weintrauben sind in der Küche vielseitig verwendbar. Als Kuchenbelag machen sie sich gut, sollten aber nicht mitgebacken werden. Sie schmecken lecker in Obstsalaten und geben pikanten Salaten eine fruchtige Note. In Form von Traubensaft kann man die wertvollen Inhaltsstoffe der Weintrauben auch sehr gut zu sich nehmen. Er ist das ganze Jahr über im Handel erhältlich.

☞ Weiße Tafeltrauben.

Auch in den getrockneten Weinbeeren sind alle wertvollen Stoffe enthalten. Doch sollte man sie in Maßen konsumieren, denn sie sind kleine Kraftpakete, die sehr viel Energie, also viele Kalorien liefern. Als Rosinen werden Weinbeeren aus französischen Sorten bezeichnet, während die Sultaninen in der Regel aus der Türkei kommen und aus der Sorte „Sultana" hergestellt werden. Weinbeeren aus den dunklen Sorten heißen Korinthen.

WEISSER MUSKATELLER

Muskatellerreben zählen zu den ältesten Rebsorten und stammen aus dem Mittelmeergebiet, wahrscheinlich waren sie schon in der Antike bekannt. Auf Grund der hohen Ansprüche der Sorte an die Lage und der sehr späten Reife wird der Weiße Muskateller in Deutschland nur noch selten in einigen südlichen Anbauregionen angebaut. Er gilt als eine der edelsten Tafeltrauben. Die Rebsorte liefert charaktervolle, aromareiche Weine mit ausgeprägtem Muskatbukett. Der kräftig wachsende Rebstock trägt einfache, große und längliche Trauben mit kurzem dicken Stiel. An den großen, runden, gelbgrünen Beeren befinden sich auf der Sonnenseite braun gefleckte Stellen. Sie zeichnen sich durch einen moschusähnlichen starken Muskatgeschmack aus. Die Blätter sind mittelgroß, drei- bis fünflappig, unregelmäßig gezahnt, mit schön ausgerundeten mittelgroßen Buchten.

Die Weinrebe als Heilpflanze

Die Weintraube liefert nicht nur gesunde Früchte, sondern auch ihre Blätter haben heilkräftige Wirkung. Diese enthalten Tannine, Flavonoide und organische Säuren. Die Blätter der roten Weintraube sind besonders reich an Polyphenolen und wirken deshalb entzündungshemmend und schützen die Kapillargefäße bei einigen Venenerkrankungen.

Bereits in der Antike war der Weinstock hoch angesehen, und die verschiedenen Pflanzenteile wurden gegen allerlei Gebrechen verwendet. Der griechische Arzt Dioskurides beschreibt in seinem Werk „Arzneimittellehre" folgende Wirkungen:

Die Blätter und Ranken der Wein tragenden Rebe, fein gestoßen als Umschlag, lindern Kopfschmerzen, mit Graupen Entzündungen und Brand des Magens, der aus ihnen gepresste Saft hilft, getrunken, bei Blutauswurf, Magen-

schmerzen, und falschem Appetit schwangerer Frauen. Dasselbe leisten die in Wasser macerirten und getrunkenen Ranken. Die gummiartige Träne desselben, welche sich unten am Stamm ausscheidet und erhärtet, zertrümmert den Stein, wenn sie mit Wein genommen wird. Eingestrichen heilt sie die Flechten, Krätze und Aussatz, man muss allerdings vorher die Stelle mit Natron reinigen.

GOETHE UND DER WEIN

Trunken müssen wir alle sein!
Jugend ist Trunkenheit ohne Wein;
Trinkt sich das Alter wieder zu Jugend,
so ist es wundervolle Tugend.
Für Sorgen sorgt das liebe Leben,
und Sorgenbrecher sind die Reben.

☞ linke Seite Riesling.
☞ rechte Seite
Traube und Schmetterling – auch Insekten lieben süße Beeren.

☞ Der Weiße Muskateller ist eine alte Rebsorte aus dem Mittelmeergebiet.

Exotische Beeren – vitaminreich und gesund

☞ Die exotische Banane gehört zu den Beerenfrüchten.

Die Beere ist nach botanischer Definition eine aus einem einzigen Fruchtknoten hervorgegangene Schließfrucht, bei der die Fruchtwand auch noch bei der Reife saftig oder mindestens fleischig ist. Die Beere ist oft rundlich und enthält zumeist viele Samen, die frei im Fruchtfleisch liegen. Nach dieser Definition gehören viele Früchte zu den Beeren, welche wir gemeinhin nicht als solche bezeichnen würden. Die Früchte der Nachtschattengewächse wie Tomate, Paprika und Aubergine zählen dazu. Auch die zum Teil riesigen Früchte der Kürbisgewächse – Kürbisse, Gurken und Melonen – sind also aus dieser Sicht als Beeren zu betrachten. Sie werden auch als Fruchtgemüse bezeichnet, lediglich die Melonen zählen zum Obst und werden auch als solches genutzt. Diese Pflanzen sind ursprünglich nicht bei uns beheimatet, werden aber teilweise schon seit Jahrhunderten als Nutzpflanzen kultviert. Auch manche exotischen Früchte, die bei uns inzwischen wohl bekannt sind und vielfach sogar täglich genossen werden, sind im botanischen Sinne Beeren, so Banane, Kiwi, Dattel und auch der Kakao, denn die Kakaobohne ist der Same einer fleischigen Beere.

Die Banane

Die Banane gehört mit Sicherheit zu den beliebtesten Früchten weltweit. Sie ist eine der ältesten Kulturpflanzen der Menschheit, deren Nutzung bereits in vorgeschichtlicher Zeit begann. Ihre Spuren lassen sich Tausende von Jahren zurückverfolgen bis in die Urheimat Südostasien. Bereits im sechsten Jahrhundert v. Chr. wird sie in buddhistischen Schriften erwähnt. Alexander der Große soll die Frucht bei seinem Feldzug nach Indien im Jahr 327 v. Chr. genossen haben. Nach den Berichten des chinesischen Geschichtsschreibers Yang Fu soll es um das Jahr 200 n. Chr. in China bereits florierenden Bananenanbau gegeben haben. In alten arabischen Schriften wird die gelbe Frucht ebenfalls erwähnt. Von den

Arabern hat sie auch ihren Namen bekommen, denn *banan* bedeutet im Arabischen „Finger". Die Araber waren es auch, welche die Banane um das Jahr 650 n. Chr. in den Nahen Osten, nach Ägypten und Palästina brachten. Von dort verbreitete sie sich über Ostafrika bis nach Guinea an der Atlantikküste. In Westafrika wurden die Portugiesen auf die wohlschmeckende Frucht aufmerksam und nahmen sie auf die nahegelegenen Kanaren mit, wo sie dann im Jahre 1402 die ersten Bananenplantagen anlegten.

Im 16. Jahrhundert, schon kurz nach der Entdeckung der Neuen Welt, gelangte die Banane schließlich nach Amerika. Der Franziskanermönch Tomas de Belanga brachte sie 1516 auf die karibischen Inseln in der Absicht, sie als neues Volksnahrungsmittel für die einheimische Bevölkerung zu etablieren. Tatsächlich hat sich die Pflanze dann auch rasch über die Inseln und das mittel- und südamerikanische Festland verbreitet. Heute ist Zentral- und Mittelamerika die Hauptexportregion für Bananen.

☞ Die Banane nannte man früher auch Paradiesfeige.

In Westeuropa und Nordamerika war die Banane bis weit ins 19. Jahrhundert nur vom Hörensagen bekannt. Erst nach Einführung der Dampfschifffahrt und der damit verbundenen Verbesserung des Transportwesens sowie durch Einsatz von Kühlschiffen gelang der Banane der Aufstieg zu einem wichtigen Welthandelsprodukt. Im Jahr 1892 kam schließlich die erste Bananenlieferung nach Deutschland.

Botanik

Als tropische Pflanze benötigt die Banane feuchtwarmes Klima. Je nach Sorte werden die Pflanzen zwei bis fünf Meter hoch. Ihre Blätter werden bis zu sechs Meter lang, und die Krone hat einen Durchmesser von etwa sieben Metern. Morphologisch ist die Bananenpflanze eine hohe Staude, die aus einem knolligen Rhizom heraus mit steifen Blattscheiden einen hohlen „Scheinstamm" bildet, während die flachen Blattspreiten zu einem Schopf ausgebreitet sind. Die Vermehrung der Pflanzen erfolgt über die Wurzelknollen. Sieben bis zehn Monate nach dem Pflanzen bricht aus der Spitze der inzwischen ausgewachsenen Bananenpflanze eine Blütendolde hervor und wächst schnell weiter, bis sie die Form einer riesigen Knospe an einem langen Stängel hat.

An dem Blütenstand sind in doppelten Querreihen zahlreiche Knospen angelegt, aus denen sich später die Bananenfrüchte entwickeln. In der Fachsprache nennt man die einzelne Banane „Finger", und jeweils 14 bis 20 Finger sitzen so eng beieinander, dass sie zusammen eine „Hand" bilden. Die Banane ist botanisch eine längliche Riesenbeere mit Stiel und Blütenansatz sowie mit Samen durchsetztem Fruchtfleisch, das von einer Schale umgeben ist.

GUTE-LAUNE-FRUCHT BANANE

Inhaltsstoffe (auf 100 g Fruchtfleisch):

WASSER	74 PROZENT
KOHLENHYDRATE	23 PROZENT
EIWEISS	1 PROZENT
BALLASTSTOFFE	2,6 PROZENT
FETT	0,2 PROZENT
KALIUM	393 MG
KALZIUM	9 MG
MAGNESIUM	36 MG
VITAMIN C	12 MG

Reife Bananen sind ideale, leicht verdauliche Energiespender. Der fruchteigene Zucker setzt sich aus den Komponenten Glukose, Fruktose und Saccharose zusammen. Jede dieser Zuckerarten wird zu einem anderen Zeitpunkt freigesetzt, so dass der Übergang ins Blut nach und nach erfolgt. Neben der Eigenschaft als Energiespender sind sie auch gute Kaliumlieferanten. Dieser Mineralstoff ist sehr wichtig für die Nerven- und Muskelfunktionen, insbesondere auch die Herzmuskelfunktion. Kalium reguliert auch den Wasserhaushalt im Körper. Bananen können auch unsere Stimmung positiv beeinflussen, denn sie enthalten reichlich Serotonin, einen wichtigen Botenstoff im Gehirn. Bei zu niedrigem Serotoninspiegel können Depressionen auftreten. Gelegentlich wird der Stoff deshalb auch als Glückshormon bezeichnet.

Die Kiwi

Ursprünglich war die Kiwipflanze (Actinidia chinensis) in den subtropischen Bergwäldern Südwestchinas beheimatet. Von dort gelangte die Frucht zu Beginn des 20. Jahrhunderts nach Neuseeland. Isabel Fraser brachte 1906 von einem Besuch in China Samen mit, aus welchen der Gärtner Alexander Allison die ersten Kiwipflanzen Neuseelands heranzog. Der großflächige erwerbsmäßige Anbau der „chinesischen Stachelbeere" begann aber erst in den vierziger Jahren. Ihren heute international gebräuchlichen Namen hat die Kiwi von den Neuseeländern erhalten, welche die pelzige Frucht an ihr Wappentier, den Kiwi-Vogel, erinnerte. In den meisten englischsprachigen Ländern wird sie „Kiwi fruit" genannt.
Die strauchartige Schlingpflanze gehört zur Familie der Strahlengriffelgewächse. Sie bildet sich stark verzweigende Ranken, welche bis zu zehn Meter hoch in die Bäume wachsen können. Als Obstgehölz kultiviert, wird sie jedoch am Klettergerüst gezogen. Die großen dekorativen Blätter sind rundlich, an der Basis herzförmig, kräftig grün mit rötlichen Haaren an den Blattadern.
Da die Pflanze zweihäusig ist, benötigt man männliche und weibliche Exemplare, wenn man Früchte ernten will. Bei uns in Mitteleuropa ist die Blütezeit im Juni. Die 5 bis 6 cm großen weiblichen Blüten sitzen zu mehreren an der Triebbasis. Sie wirken sehr attraktiv mit ihren weißen Kronblättern und dem auffälligen Strahlenkranzgriffel, welcher auf dem grüngelben rundlichen Fruchtknoten sitzt. Männliche Blüten ähneln den weiblichen; auffallend ist die Fülle an goldgelben Staubblättern.

Etwa fünf Monate nach der Blüte reifen die Früchte: mehrere Zentimeter große ovale Beeren. Die am meisten verbreitete Sorte „Hayward" bringt hühnereigroße Früchte hervor, deren Schale zunächst grün, später rostbraun behaart ist. Dieser „Pelz" dient als Verdunstungsschutz für die saftigen Beeren. Das bei Vollreife kräftig grüne Fruchtfleisch bildet einen dekorativen Strahlenkranz um die weiße Mitte und die winzigen schwarzen Kerne. Es gibt auch eine Sorte mit weniger stark behaarter Schale und gelbem Fruchtfleisch, die süßer schmeckt.

DIE KIWI – EINE HANDLICHE PORTION VITAMINE UND MINERALSTOFFE

Inhaltsstoffe (auf 100 g Frucht):

WASSER	81–84 PROZENT
FETT	1 PROZENT
ROHFASER	2,1 PROZENT
EIWEISS	1 PROZENT
VITAMIN C	71 MG
KALIUM	295 MG
KALZIUM	38 MG
MAGNESIUM	24 MG

Eine Kiwi kann bereits den gesamten Tagesbedarf eines Erwachsenen an Vitaminen decken. Darüber hinaus sind auch jede Menge Mineralstoffe enthalten, insbesondere Kalium, welches den Wasserhaushalt im Körper reguliert und für die Nerven-Muskel-Reizleitung wichtig ist. Das eiweißlösende Enzym Actinidin erleichtert die Verdauung von Eiweiß. Allerdings vertragen sich rohe Kiwis aus diesem Grund nicht mit Milchprodukten und lassen diese bitter schmecken.

☞ Das grüne Fruchtfleisch der Kiwi bildet einen dekorativen Strahlenkranz um die weiße Mitte.

Einkauf und Verwendung

Kiwis werden das ganze Jahr über angeboten. Haupterzeugerland ist Neuseeland, daneben auch noch die USA und die Mittelmeerländer. Gut ausgereifte Kiwis geben bei leichtem Druck auf die Schale etwas nach. In diesem Zustand schmecken sie angenehm süßsäuerlich und aromatisch. Unreife Früchte kann man in einem Gefrierbeutel zusammen mit einem Apfel gut nachreifen lassen.
Für den Frischgenuss werden sie am besten in der Mitte durchgeschnitten und ausgelöffelt. Als Kuchenbelag oder an Desserts haben sie auch dekorativen Wert. Auf Grund ihres hohen Pektingehalts können sie auch gut zu Marmelade verarbeitet werden.

Kiwis im Garten

In warmen Gegenden mit Weinbauklima kann man Kiwis an windgeschützten sonnigen Stellen auch in Mitteleuropa anpflanzen. Ideal für unsere Breitengrade ist jedoch die so genannte „Weiki", der Scharfzähnige Strahlengriffel (Aktinidia arguta). Die Früchte sind maximal stachelbeergroß und haben eine unbehaarte essbare Schale. Sie zeichnen sich durch ein kräftiges Wildfruchtaroma und einen außerordentlich hohen Vitamin-C-Gehalt aus. Weikis sind absolut frosthart – bis minus 30 °C – und wachsen schwächer, weshalb sie nicht so aufwendig beschnitten werden müssen.

Kürbis

Die „echten Kürbisse" (Cucurbita) stammen ursprünglich aus Mittel- und Nordamerika, während die „Flaschenkürbisse" (Langenaria) in Afrika beheimatet sind. Beide gehören zur Familie der Kürbisgewächse. Die Gattung Cucurbita umfasst mehr als dreißig Arten, von denen allerdings nur drei bei uns angebaut werden und als Speisekürbisse von Bedeutung sind: den Riesenkürbis (Cucurbita maxima), den Gartenkürbis (Cucurbita pepo) und den Moschuskürbis (Cucurbita moschata). Diese drei Arten weisen eine Farben- und Formenvielfalt auf, wie sie bei kaum einer anderen Kulturpflanze zu finden ist. Die Farbpalette der Früchte reicht von weiß über rosa, orange, rot, grün bis graublau.
Kürbisse zählen zu den ältesten Kulturpflanzen der Welt und wurden von den Indios in Mittelamerika schon vor langer Zeit in Mischkultur mit Mais und Bohnen angebaut. Christoph Kolumbus beschrieb den Kürbis als das Hauptnahrungsmittel der Indios. Schon bald nach der Entdeckung Amerikas wurden durch die Seefahrer Kürbissamen nach Europa gebracht, wo sie dann an den Fürstenhöfen und in Klostergärten kultiviert wurden. Rund fünfzig Jahre danach wurde der Kürbis erstmals im „New Kreuterbuch" von Leonhard Fuchs beschrieben und abgebildet.
Die einjährige Pflanze bildet meterlange Ranken, die teilweise an Klettergerüsten, überwiegend jedoch am Boden liegend gezogen werden. An dem hohlen Stängel sitzen wechselständig die gelappten rauen Blätter, welche sehr groß werden können und den Boden stark beschatten. In den Blattachseln wachsen die getrenntgeschlechtlichen trichterförmigen Blüten. Die weiblichen Blüten sind an ihrem unterständigen Fruchtknoten erkennbar, aus welchem die Frucht hervorgeht. Diese kann beim Riesenkürbis mehrere hundert Kilogramm wiegen. Damit ist er die größte Beere der Welt.

☞ Die Kürbisse (Gattung Cucurbita) weisen eine Formenvielfalt auf, wie sie bei kaum einer anderen Kulturpflanze zu finden ist.

a. Cucurbita angulosa amara. b. Cucurbita
cea maculata. c. Cucurbita oblonga suberocea. d. Cucurbita pomi arantii facie.
ta plana pomiformis alba. f. Cucurbita rotunda, verrucis majoribus armata. g. Cucur- bita rotunda verrucosa.

SCHLANKMACHER KÜRBIS

Inhaltsstoffe (auf 100 g Fruchtfleisch):

WASSER . . . . 95 PROZENT

VITAMINE A, B-KOMPLEX, C, D, E

KALIUM, KALZIUM, ZINK, EISEN, SELEN, CAROTINOIDE

Das Kürbis-Fruchtfleisch ist kalorienarm, gleichzeitig sehr reich an Vitaminen und Mineralstoffen. Durch den hohen Kaliumwert wirken sie entwässernd und entschlackend. Kalium reguliert den Säure-Basen-Haushalt im Körper und ist wichtig für die Nerven- und Muskelfunktionen. Das reichlich enthaltene Zink stärkt das Immunsystem. Besonders erwähnenswert sind die hohen Carotinoid-Werte. Diese sorgen für die orangerote Färbung des Fruchtfleisches und sie sind in der Lage, im menschlichen Körper freie Radikale unschädlich zu machen. Auch die Vitamine C und E wirken als Antioxidantien. Dadurch schützt der reichliche Genuss von Kürbissen vor Gefäßerkrankungen, vorzeitiger Zellalterung und Krebs.

Kleine Kürbiskunde

Genauso vielfältig wie die Arten und Sorten des Kürbisses sind auch die Verwendungsmöglichkeiten in der Küche. Neben der Unterscheidung nach Arten werden Kürbisse auch nach ihrer Reifezeit eingeteilt. Sommerkürbisse werden jung geerntet und haben helles, zartes und saftiges Fleisch sowie eine dünne, weiche essbare Schale. Hierher gehören Zucchini und Rondini aus der Gruppe der Gartenkürbisse. Winterkürbisse dagegen haben eine harte Schale und können, so lange sie nicht angeschnitten werden, sehr lange aufbewahrt werden.

Gartenkürbisse wachsen in unserem Klima unkompliziert und bringen gute Erträge. Zu dieser Gruppe zählen auch die Zierkürbisse, der steirische Ölkürbis und der Spaghetti-Kürbis. Riesenkürbisse sind ebenfalls einfach zu kultivieren. Neben Sorten wie „Gelber Zentner“ gehören in diese Gruppe auch kleinere Arten wie der Hokkaido und der kurios geformte Türkenbund. Das dunkelgelb bis orange gefärbte Fruchtfleisch der Moschuskürbisse schmeckt zart, nussartig und sehr aromatisch. Doch alle Sorten der Moschuskürbisse – z. B. „Butternuss“ und „Muskatkürbis“ – sind wärmeliebend und reifen bei uns nur an idealen Standorten voll aus.

Eine besondere Spezialität ist das grüngelbe Kürbiskernöl, das vorwiegend in der Steiermark produziert wird. Es hat einen delikaten, nussartigen Geschmack und enthält viele Vitamine, Mineralstoffe, ungesättigte Fettsäuren und die in der Pflanzenheilkunde wichtigen Phytosterine. Diese wirken sich positiv auf die Blasenfunktion aus.

Die Melone

Melonen sind aus den Tropen stammende Gewächse, die zur Familie der Kürbisgewächse gehören und große saftreiche Früchte hervorbringen, die botanisch zu den Beeren gerechnet werden. Im Gegensatz zu anderen Vertretern der Familie werden diese Früchte wie Obst verwendet.

Es gibt zwei unterschiedliche Gruppen von Melonen, die Zuckermelonen (Cucumis melo) und die Wassermelonen (Citrullus lanatus). Sie werden botanisch verschiedenen Gattungen zugerechnet; die Zuckermelonen sind näher mit den Gurken als mit den Wassermelonen verwandt.

☞ Der Flaschenkürbis hat seinen Namen auf Grund seiner Form erhalten.

NÄCHSTE DOPPELSEITE

☞ Melonen.

☞ Die Wassermelone.

8
7
9

a
b
c

3
2
1

MELONENBOWLE

300 G WASSERMELONE, 300 G HONIGMELONE,
1 GRANATAPFEL, AHORNSIRUP NACH GESCHMACK,
0,75 LITER MINERALWASSER

Die Melonen zerteilen und die Kerne entfernen, mit dem Kugelausstecher Melonenbällchen formen und in eine Schüssel geben. Den Granatapfel halbieren und den Saft auspressen, diesen über die Kugeln gießen, mit Ahornsirup nach Bedarf süßen, das Ganze eine halbe Stunde im Kühlschrank durchziehen lassen. Mit dem Saft in Bowlengläser verteilen und mit eisgekühltem Mineralwasser auffüllen.

Zuckermelone

Ursprünglich war die Rankpflanze in den Tropen Mittel- und Vorderasiens beheimatet, gelangte von dort nach China und möglicherweise schon im Altertum ins Mittelmeergebiet. Sie wird heute in allen wärmeren Ländern der Erde in zahlreichen Varietäten kultiviert. Diese unterscheiden sich in der Farbe des Fruchtfleisches und der Struktur der Fruchtoberfläche. Bei allen Zuckermelonen sitzen die Kerne in einem Hohlraum in der Mitte. Die insgesamt 500 Sorten werden den Honigmelonen, Kantalup-Melonen und den Netzmelonen zugeordnet. Letztere haben ihren Namen von den hellbraunen Korkleisten, die auf der Oberfläche der Früchte eine Netzstruktur bilden. Kantalup-Melonen werden auch Warzenmelonen genannt wegen der warzenartigen Erhebungen auf den Rippen der Schale. Ihr würziges Fruchtfleisch schmeckt besonders köstlich, allerdings können sie nicht lange gelagert werden.
Honigmelonen haben eine glatte, schwach längsrippige Oberfläche und sind hellgrün bis leuchtend gelb gefärbt. Das grünlich gelbe Fruchtfleisch schmeckt am besten gut gekühlt. Die Früchte werden halbiert und in Spalten geschnitten, nachdem die Kerne mit einem Löffel ausgeschabt wurden. Honigmelonen sind beliebt als Vorspeise oder Dessert, passen wegen ihres dezenten Geschmacks aber auch gut zu pikanten Salaten.

INHALTSSTOFFE DER HONIGMELONE:

WASSER	85,4 PROZENT
ROHFASER	0,7 PROZENT
KOHLENHYDRATE	12,4 PROZENT
EIWEISS	0,9 PROZENT
FETT	0,1 PROZENT

VITAMINE A, B1, B2, C
MINERALSTOFFE KALIUM, KALZIUM, PHOSPHOR

Honigmelonen schmecken auf Grund des hohen Wassergehalts sehr erfrischend und liefern wertvolle Vitamine und Mineralstoffe.

Wassermelone

Die einjährige Rankpflanze stammt aus den Steppengebieten Zentralafrikas und gelangte schon vor sehr langer Zeit ins Mittelmeergebiet, wo sie in Ägypten schon seit der Frühzeit angebaut wird. Heute ist sie in den tropischen und subtropischen Gebieten der ganzen Welt verbreitet und wird in rund 150 verschiedenen Sorten kultiviert. Sie besitzen ein kirschrotes wässriges Fruchtfleisch, das weniger süß ist als das der Zuckermelonen. Die Riesenbeeren können bis zu 15 kg wiegen.
Eine sehr verbreitete Sorte ist die kugelförmige, dunkelgrüne „Sugar Baby“. Die in den USA angebauten „Ananasmelonen“ haben im Gegensatz zu den anderen Sorten ein sehr helles gelbes Fruchtfleisch. Bei uns werden hauptsächlich Früchte aus dem Mittelmeergebiet angeboten.

Wassermelonen werden hauptsächlich roh verzehrt. Dazu werden sie in Segmente geteilt und die nicht essbaren Kerne entfernt. Sehr gut schmecken sie auch verarbeitet in erfrischenden Kaltschalen oder Sorbets oder als Zugabe zu alkoholfreien Fruchtbowlen.

INHALTSSTOFFE DER WASSERMELONE:

WASSER	93–95 PROZENT
KOHLENHYDRATE	5 PROZENT
EIWEISS	0,5–1 PROZENT
FETT	0,2 PROZENT

Wassermelonen bestehen – wie der Name schon sagt – zum überwiegenden Teil aus Wasser.
Sie sind die ideale Frucht für heiße Sommertage, durstlöschend, erfrischend und sehr kalorienarm. Mineralstoffe, die beim Schwitzen verloren gegangen sind, werden beim Genuss der Melone ersetzt, und der fruchteigene Zucker liefert leicht verdauliche Energie.

☞ Die Honigmelone.

Tomate

Liebesapfel, Paradiesapfel oder in Österreich auch Paradeiser – der Volksmund kennt viele verlockende Namen für die verführerisch rote Frucht. Tomate kommt von der aztekischen Bezeichnung *tomatl* und bedeutet „anschwellen". Lange Zeit traute man der Pflanze nicht und hielt die Früchte für giftig, wahrscheinlich weil die damaligen Sorten etwas bitter schmeckten. Die Tomate (Solanum lycopersicum) gehört neben Kartoffel und Paprika zur Familie der Nachtschattengewächse, der auch hochgiftige Pflanzen wie die Tollkirsche angehören.
Erste Tomatenpflanzen sind bereits kurz nach der Entdeckung Amerikas durch Christoph Kolumbus nach Europa gebracht worden. Viele Jahrhunderte wurde sie jedoch in Europa als reine Zierpflanze angebaut, ehe sie ihren Siegeszug als Kulturpflanze antrat. In ihrem Ursprungsgebiet in Mittel- und Südamerika wurde sie bereits 200 v. Chr. bis 700 n. Chr. in zahlreichen Sorten kultiviert. Bei uns in Deutschland konnte sie sich erst nach dem Ersten Weltkrieg als Gemüsefrucht durchsetzen, zuvor war sie lediglich als Zierpflanze angebaut worden.

Botanik

Die einjährige, krautige, behaarte Pflanze ist sehr frostempfindlich. Sie kann bis zu vier Meter hoch werden, allerdings nur, wenn sie gestützt wird, denn der Stängel ist sehr schwach. Die Glieder des Hauptsprosses enden jeweils in einem reich besetzten Blütenstand, während Achselknospen den Sprossaufbau fortsetzen. Durch das Ausbrechen (Ausgeizen) der Achselknospen wird die Verzweigung unterdrückt, um größere Früchte zu erhalten. Zwei miteinander verwachsene Fruchtblätter (auch drei oder vier) bilden den oberständigen Fruchtknoten. Während die Samenschalen die saftige Gallerte um die

Samen herum erzeugen, verfärbt sich die Fruchthülle während der Reifung von grün nach rot. Die kugeligen Beeren besitzen an der Stielseite eine Eindellung mit der Stielnarbe. Diese enthält wie alle grünen Teile der Pflanze das giftige Solanin und sollte deshalb vor dem Essen weggeschnitten werden.

INHALTSSTOFFE:

WASSER . . . . 95 PROZENT
VITAMIN A, B1, B2, C, E
MINERALSTOFFE, INSBESONDERE KALIUM
FLAVONOIDE, HAUPTSÄCHLICH LYCOPIN

Tomaten bestehen zu 95 Prozent aus Wasser und sind deshalb sehr kalorienarm, also die ideale Frucht zum Abnehmen. Die Früchte sind reich an Mineralstoffen und Vitaminen, insbesondere Vitamin C. Durch den hohen Kaliumgehalt wirken sie entwässernd und entschlackend. Der Farbstoff der Tomaten, das Lycopin, wirkt auch als Zellschutzstoff. Es stärkt die innere Zellstruktur, fördert den Zellstoffwechsel und hat bei bestimmten Krebsarten hemmende Wirkung. Grüne, unreife Tomaten enthalten das giftige Solanin und sollten deshalb nicht roh verzehrt werden. Beim Erhitzen wird dieser Stoff zerstört.

Tomaten in der Küche

Gut ausgereifte Früchte haben einen wesentlich höheren Vitamin-Gehalt als zu früh geerntete. Unter geeigneten Bedingungen sind sie bis zu zwei Wochen lagerfähig, bei 13–18 °C und einer relativen Luftfeuchtigkeit von 80–95 Prozent. Auf keinen Fall gehören Tomaten in den Kühlschrank, denn dort verlieren sie an Geschmack und Haltbarkeit.
Für die unterschiedlichen Verwendungszwecke gibt es eine Vielzahl verschiedener Sorten, welche sich in Fruchtform, Größe, Farbe, Farbverteilung und Reifezeit unterscheiden. Zu den kleinsten Tomaten gehört die Johannisbeertomate, deren Früchte kaum größer als Johannisbeeren sind, aber sehr aromatisch schmecken. Sie dürften der ursprünglichen Wildtomate am ähnlichsten sein. Es gab in der Vergangenheit eine unendliche Vielfalt an Sorten, von denen leider schon viele verschollen sind. Bei den gängigen Marktsorten wird mehr auf makelloses Aussehen, Transportfähigkeit, Lagerfähigkeit und Ertrag Wert gelegt, während der Geschmack eher mittelmäßig ist. Die alten Sorten zeichnen sich dagegen in der Regel durch ein intensives Aroma aus. In den letzten Jahren besinnen sich manche Kleinerzeuger auf diese altbewährten Sorten und bieten sie als besondere Delikatesse an.

☞ Tomaten nannte man früher Liebesäpfel oder Goldäpfel.

d
a
e

BADISCHER WEINBAUVERBAND E. V., FREIBURG/BR.: 94 LINKS; DRESSENDÖRFER, WERNER: 11, 50, 65, 70, 74, 78, 91, 105, 107 („KRÄUTERBUCH DER ELIZABETH BLACKWELL"); FINKEN & BUMILLER, STUTTGART: 6, 9, 12, 19, 21, 25, 27, 32, 48, 52, 54, 64, 68, 76, 80, 85, 92, 96, 101, 109; K. HACKENBERG / ZEFA / CORBIS: 41; K. MICHELS: 58, 81; STADTBIBLIOTHEK TRIER: 16 (SIGN.: D 342), 49, 67 (SIGN.: NF 16 8); UNIVERSITÄTSBIBLIOTHEK EICHSTÄTT: 8, 45 (SIGN.: 182/1 J II 26), 47, 71 (SIGN.: 18/WL 1060 B 665.546); WÜRTTEMBERGISCHE LANDESBIBLIOTHEK, STUTTGART: 20, 28, 31, 60, 69, 72, 88, 98, 103, 106, 111 (SIGN.: NAT. G. FOL. 122), 33, 37, 55, 57, 62, 77 (SIGN.: NAT. G. FOL. 297), 24 (SIGN.: NAT. G. FOL. 301–302), 82, 87, 94 RECHTS, 95 (SIGN.: NAT. G. FOL. 768), 13, 14, 22, 38, 42 (SIGN.: Z90071).

WIR DANKEN ALLEN RECHTEINHABERN FÜR DIE FREUNDLICHE GENEHMIGUNG ZUM NACHDRUCK.